....

biau'r llyfr hwn

Golygydd prosiect Clare Lloyd
Uwch-olygydd celf Rachael Parfitt Hunt
Golygwyd gan Abi Luscombe
Testun gan Ben Hubbard, Andrea Mills, Graeme Williams
Ymgynghorydd Testun Helen Scales
Cynlluniwyd gan Karen Hood, Hannah Moore, Rhys Thomas, Sadie Thomas
Darluniadau Ychwanegol Kitty Glavin
Ymchwilydd Lluniau'r Prosiect Sakshi Saluja
Golygydd cynhyrchu Dragana Puvacic
Rheolwr Cynhyrchu John Casey
Dylunydd Clawr Elle Ward
Cydgordiwr Clawr Issy Walsh
Rheolwr Golygyddol Penny Smith
Is-gyfarwyddwr Celf Mabel Chan
Rheolwr cyhoeddi Sarah Larter

Cyhoeddwyd gyntaf ym Mhrydain yn 2021
gan Dorling Kindersley Limited
DK, One Embassy Gardens, 8 Viaduct Gardens,
Llundain, SW11 7BW

Hawlfraint © 2021 Dorling Kindersley Limited
Cwmni Penguin Random House
10 9 8 7 6 5 4 3 2 1
001–322997–Sep/2021

Cedwir pob hawl. Ni chaniateir atgynhyrchu unrhyw ran o'r cyhoeddiad hwn, na'i gadw mewn cyfundrefn adferadwy, na'i drosglwyddo mewn unrhyw ddull na thrwy unrhyw gyfrwng (electronig, mecanyddol, ffotogopïo, recordio, nac fel arall), heb ganiatâd ysgrifenedig ymlaen llaw gan berchennog yr hawlfraint.

Cyhoeddwyd gyntaf yn Gymraeg gan Rily Publications Ltd 2022
Rily Publications Ltd, Blwch Post 257, Caerffili CF83 9FL

ISBN: 978-1-84967-639-7

Hawlfraint y testun Cymraeg © Rily Publications Ltd

Addasiad Siân Lewis.

Cedwir pob hawl.

Argraffwyd a rhwymwyd yn China

Mae'r cyhoeddwr yn cydnabod cefnogaeth ariannol Cyngor Llyfrau Cymru.

www.rily.co.uk
www.dk.com

Cynhyrchwyd ar bapur o fforestydd y Forest Stewardship Council™.

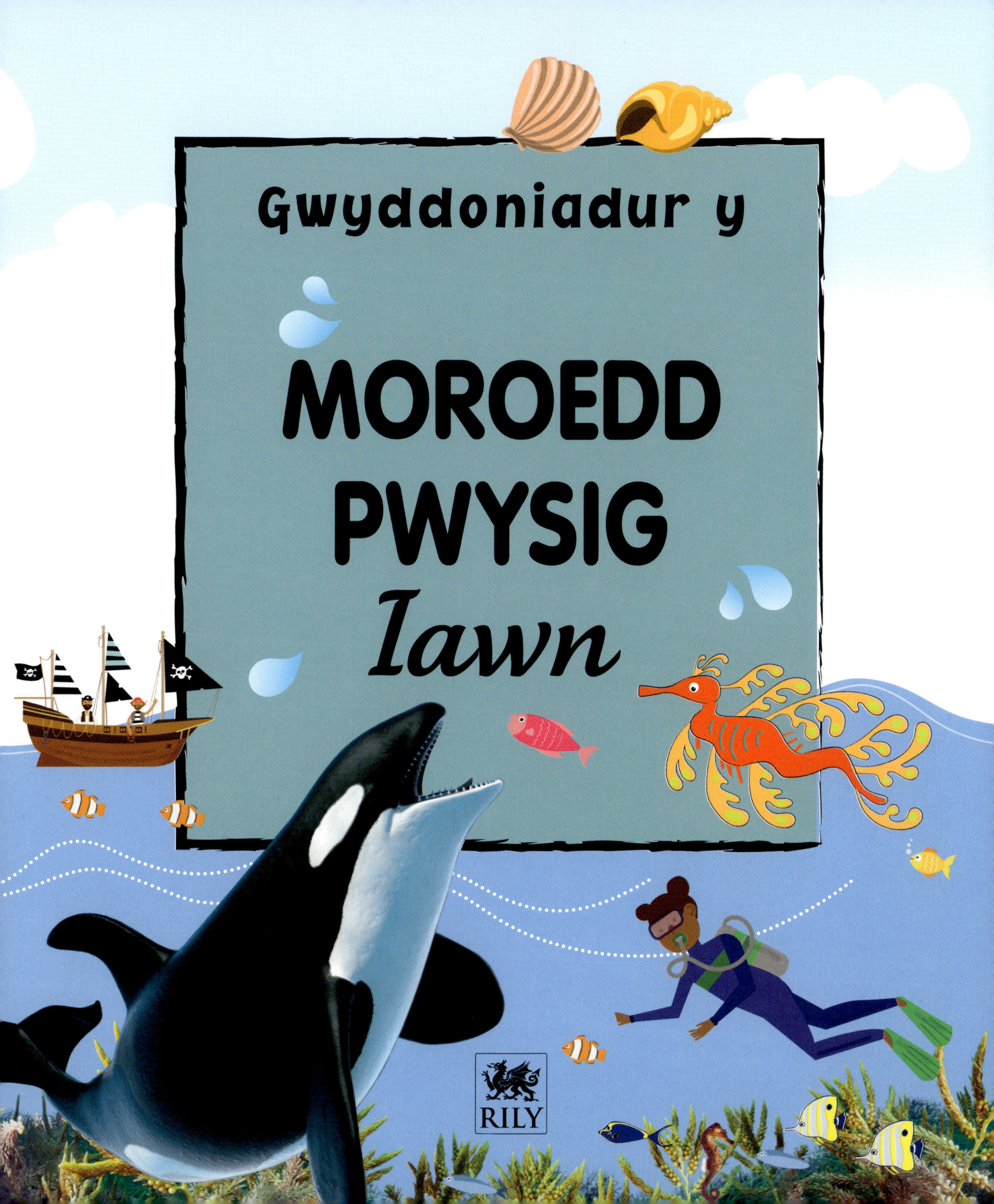

Cynnwys

Moroedd y Ddaear

- 10 **Y blaned las**
- 12 **Y cefnforoedd**
- 14 **Y pum cefnfor**
- 16 **Moroedd hallt**
- 18 **Y cylch dŵr**
- 20 **Hen foroedd**
- 22 **Gwely'r môr**
- 24 **Ynysoedd anhygoel**
- 26 **Tonnau**
- 28 **Ceryntau**
- 30 **Llanwau**
- 32 **Erydu'r arfordir**
- 34 **Peryglon**

Dyma nhw, yr anifeiliaid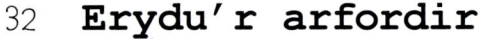

- 38 **Rhyfeddodau bach**
- 40 **Sbwng syfrdanol**
- 42 **Joio jeli**
- 44 **Sêr siriol**
- 46 **Cregyn crand**
- 48 **Crancod crafangog**
- 50 **Cregyn deuglawr cyfrwys**
- 52 **Môr-lewys mawreddog**
- 54 **Octopws enfawr**
- 56 **Malwod a gwlithod môr**
- 58 **Ymlusgiaid morol**
- 60 **Crwbanod clyfar**
- 62 **Siâp pysgodyn**
- 64 **Pysgod perffaith**
- 66 **Morfeirch mwyn**

- 68 **Dreigiau môr deiliog**
- 70 **Siarcod slic**
- 72 **Morgathod a garwbysgod**
- 74 **Dolffiniaid yn deifio**
- 76 **Morfilod rhyfeddol**
- 78 **Y morfil mawr glas**
- 80 **Uncorn y môr**
- 82 **Walrysod, morloi a morlewod**
- 84 **Pengwiniaid chwareus**
- 86 **Adar môr ardderchog**

Cynefinoedd y môr

- 90 **Glannau môr**
- 92 **Cynefinoedd yr arfordir**
- 94 **Mangrofau**
- 96 **Dolydd morwellt**
- 98 **Fforestydd môr-wiail**
- 100 **Riffiau cwrel**
- 102 **Bywyd y riff cwrel**
- 104 **Riffiau naturiol**
- 106 **Riffiau artiffisial**
- 108 **Dyfroedd rhewllyd**
- 110 **Dyfroedd yr Arctig**
- 112 **Dyfroedd Antarctica**
- 114 **Yn y pum parth**
- 116 **Y parth heulog**
- 118 **Parth llwydolau**
- 120 **Parth canol nos**
- 122 **Y parth gwaelodol**

Byw yn y môr

- 126 **Materion teuluol**
- 128 **Crwbanod ar frys**
- 130 **Mynd o don i don**
- 132 **Nofio mewn grŵp**
- 134 **Partneriaid perffaith**
- 136 **Crwydrwyr y môr**
- 138 **Antur y morfil**
- 140 **Rhwydwaith fwyd yr Arctig**
- 142 **Algâu anhygoel**
- 144 **Helwyr y môr**
- 146 **Hunanamddiffyn**
- 148 **Ble ydw i?**
- 150 **Creu golau**
- 152 **Môr o sŵn**
- 154 **Siwpyr sonar**
- 156 **Creaduriaid clyfar y môr**

Anturiaethau ar y môr

- 160 **Anturiaethwyr cynnar**
- 162 **Ffordd Sidan y môr**
- 164 **Archwilio'r moroedd**
- 166 **Gwyddoniaeth y môr**
- 168 **Llongau ahoi!**
- 170 **Chwilio am longddrylliadau**
- 172 **Perygl! Môr-ladron!**
- 174 **Chwedlau'r môr**
- 176 **Peiriannau archwilio**
- 178 **Offer arbennig**
- 180 **Mapio'r môr**

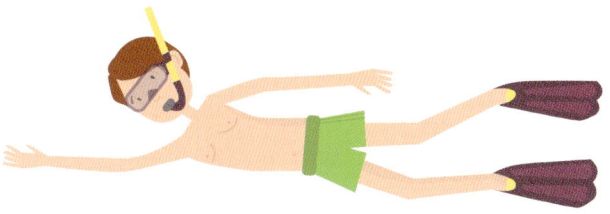

182 **Darganfyddiadau'r dyfnder**
184 **Archwilio Ffos Mariana**
186 **Mynyddoedd tanddwr**
188 **Y tu mewn i lyncdwll**
190 **Arwyr y môr**
192 **Chwaraeon môr**

Y moroedd a ni

196 **Hwyl ar y môr**
198 **Gwyliau ar y traeth**
200 **Byw o dan y dŵr**
202 **Gweithio ar y tonnau**
204 **Achub bywyd ar y môr**
206 **Cario nwyddau**
208 **Pysgod a ni**
210 **Peryglon y môr**
212 **Newid hinsawdd**
214 **Problemau plastig**
216 **Achub ein moroedd**
218 **Taith i'r dyfodol**

220 **Mynegai**
223 **Cydnabyddiaethau**

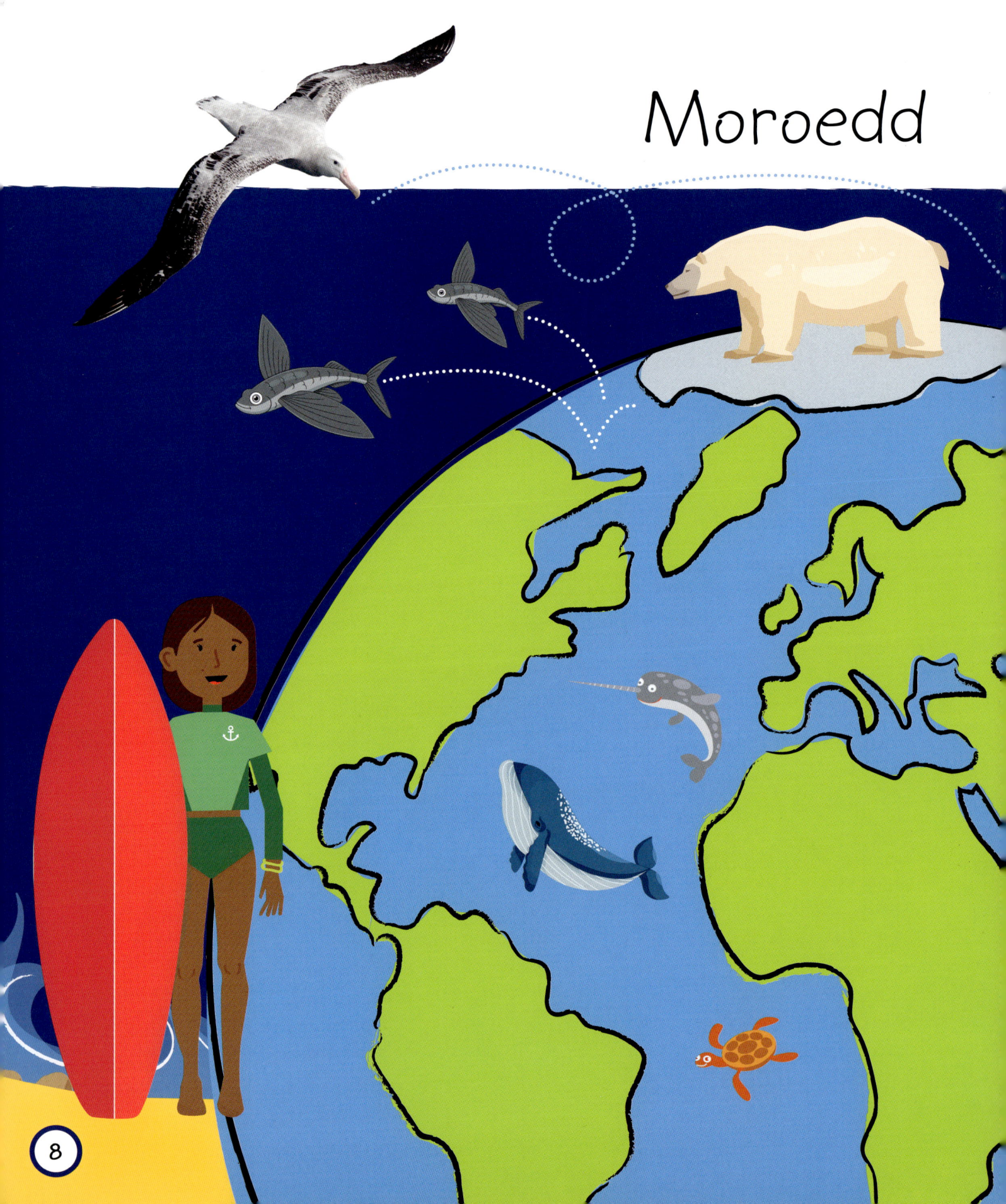

Moroedd

y Ddaear

Barod i fynd ar antur? I ffwrdd â ni am drip drwy **ein byd gwlyb**. Neidia i'r dyfroedd hallt, hwylia drwy donnau a thywydd gwyllt, a phlymia i wely'r môr. Am **hwyl** go iawn!

Y blaned las

Croeso i'n byd gwlyb! Mae moroedd yn gorchuddio rhannau mawr o'n planed. Moroedd yw'r **ffynonellau mwyaf** o ddŵr ar y Ddaear, ac mae llawer o fywyd gwyllt yn byw yno.

Dŵr a thir
Mae mwy o ddŵr nag o dir ar y Ddaear. Mae dŵr yn gorchuddio **dros ddwy ran o dair** o arwyneb y byd. Yn y rhan arall, mae'r saith cyfandir a miloedd o ynysoedd.

> Rydyn ni'n dal heb ddarganfod llawer o'r creaduriaid sy'n byw yn y môr.

Berdysyn

> Fi yw'r creadur mwyaf yn y môr.

Morfil glas

Cymylau

Glas golau
Golau'r haul sy'n gwneud i'r moroedd edrych yn **las**. Mae pelydrau'r haul yn cynnwys holl liwiau'r enfys. Pan fydd haul llachar yn disgleirio ar y môr, mae'r dŵr yn llyncu pob lliw ond glas. Mae'r môr yn adlewyrchu'r pelydrau glas, a ninnau'n eu gweld.

Mae cymaint o ddŵr ar y Ddaear!

Môr

Tir

Ffurfiodd y môr dros BEDAIR BILIWN o flynyddoedd yn ôl!

Y cefnforoedd

Mae'r **Cefnfor Tawel** yn enfawr. Mae'n fwy na'r saith cyfandir gyda'i gilydd, ac mae ynddo tua 25,000 o ynysoedd.

Yng **Nghefnfor Iwerydd** mae'r Ynys Las, yr ynys fwyaf ar y Ddaear. Yma mae rhan o'r gadwyn fynyddoedd hiraf yn y byd.

Cefnfor Arctig

Yr Ynys Las

Môr y Gogledd

GOGLEDD AMERICA

Môr y Canoldir

Môr y Caribî

DE AMERICA

Cefnfor Tawel

Cefnfor Iwerydd

Cefnfor y De

Mae MWY o ddŵr yn y Cefnfor Tawel nag yn y PEDWAR

Cefnfor Arctig yw'r lleiaf o'r pump.

Ar y Ddaear mae PUM CEFNFOR, sy'n cysylltu â'i gilydd i ffurfio un darn enfawr o ddŵr. Yr enw am ddarnau llai yw MOROEDD.

Cefnfor India yw'r cynhesaf yn y byd, felly mae'n anodd i rai creaduriaid fyw yno.

Y Môr Baltig

Y Môr Du

EWROP

ASIA

Môr Adria

Ceufor Persia

Y Môr Coch

Môr Arabia

AFFRICA

Cefnfor India

AWSTRALIA

Mae 97 y cant o ddŵr y Ddaear yn y cefnforoedd.

ANTARCTICA

Mae mynyddoedd iâ yn arnofio ar **Gefnfor y De** drwy gydol y flwyddyn. Y cefnfor hwn sydd â'r dŵr oeraf.

cefnfor arall gyda'i gilydd!

Y pum cefnfor

Pam mae **cefnforoedd** y byd mor arbennig?

Barod i blymio am ateb?

Ffurfiodd y cefnfor cyntaf biliynau o flynyddoedd yn ôl.

Y Cefnfor Tawel

Y Cefnfor Tawel yw'r **mwyaf** a'r **dyfnaf** ar y Ddaear. Mae ynddo filoedd o ynysoedd, ac mae bron hanner dŵr môr y byd yn y cefnfor hwn.

Mae Ynys y Pasg yn enwog iawn am ei cherfluniau mawr carreg. o'r enw 'Moai'.

Mae'r igwana môr yn byw ar Ynysoedd Galápagos yn y Cefnfor Tawel.

Ynysoedd Galápagos

Ynys y Pasg

Cefnfor Iwerydd

Gorwedd Cefnfor Iwerydd rhwng De a Gogledd America ar y naill ochr ac Ewrop ac Affrica ar y llall. Hwn yw'r **ail gefnfor** o ran maint ac mae ynddo gymysgedd o ddŵr cynnes ac oer

Namibia

Mae marchgranc y De yn byw yn nyfroedd oer yr Iwerydd.

Mae stormydd trofannol o'r enw 'corwyntoedd' yn aml yn ffurfio dros yr Iwerydd.

Pan fydd aer oer o'r Iwerydd yn cwrdd ag aer sych o Anialdir Namib, mae'n achosi niwloedd trwchus yn Namibia, sy'n gwneud i lawer o longau daro'n erbyn y creigiau yno.

Cefnfor Arctig

Yr Arctig yw'r cefnfor **oeraf**. Yn y gaeaf mae'r rhan fwyaf ohono'n gorwedd o dan haen dew o iâ.

Bae Baffin

Dwi'n byw ymhellach i'r gogledd nag unrhyw bysgodyn môr arall!

Mae morloi cylchog yn byw ac yn hela yn nyfroedd yr Arctig.

Mae mynyddoedd iâ yn drifftio tua'r de o Fae Baffin yn yr Arctig ac yn achosi perygl i longau yng Ngogledd Iwerydd.

Penfras yr Arctig

Dwi'n bwyta morwellt yn y dyfroedd cynnes ger yr arfordir.

Dwgong

Cefnfor India

Mae Cefnfor India i'r de o Asia ac yn gorwedd rhwng Affrica ac Awstralia. Hwn yw'r cefnfor **cynhesaf**.

Maldifau

Ynysoedd cwrel yw'r Maldifau. Mae dros 1,000 ohonyn nhw, ac maen nhw'n boblogaidd gan sgwba-ddeifwyr.

Mae daeargrynfeydd tanfor yng Nghefnfor India yn achosi tonnau mawr dinistriol o'r enw 'tswnamïau'.

Cefnfor y De

Mae cefnfor oer y De yn amgylchynu Antarctica. Dyma'r unig gefnfor sy'n mynd yr holl ffordd **o gwmpas y byd**.

Antarctica

Fi yw aderyn môr mwya'r byd.

Albatros

Mae'r albatros crwydrol yn hedfan am bellteroedd enfawr dros Gefnfor y De.

Mae'r rhan fwyaf o fynyddoedd iâ'r Ddaear yn nyfroedd Antarctica.

15

Moroedd hallt

Mae halen o'r **creigiau** a'r **pridd** yn golchi i'r afonydd ac yn teithio i'r môr, gan ei wneud yn hallt.

Dŵr hallt

Allwn ni ddim gweld yr halen yn y dŵr, achos mae wedi toddi. Ond pe bai dŵr môr yn **anweddu** (troi'n nwy), yna byddai'r gronynnau halen yn cael eu gadael ar ôl.

Halen yw'r enw syml am y mwyn sodiwm clorid.

Pe bai'r dŵr o **BOB** cefnfor yn anweddu, yna byddai haen o halen mor dal ag adeilad **35 LLAWR** yn gorchuddio'r tir!

Mae dŵr halen yn rhy hallt i'w yfed!

Llyn hallt rhwng Israel a Gwlad Iorddonen yw'r Môr Marw. Mae'r dŵr yno ddeg gwaith yn fwy hallt na dŵr môr!

Mae'n hawdd arnofio ar ddŵr hallt y Môr Marw.

Dŵr croyw

Does dim llawer o halen mewn dŵr croyw. Mae'r rhan fwyaf o ddŵr croyw'r Ddaear yn y **rhewlifau** a'r **capanau iâ**, ond mae hefyd mewn afonydd.

Dim ond ychydig bach o ddŵr y Ddaear sy'n groyw.

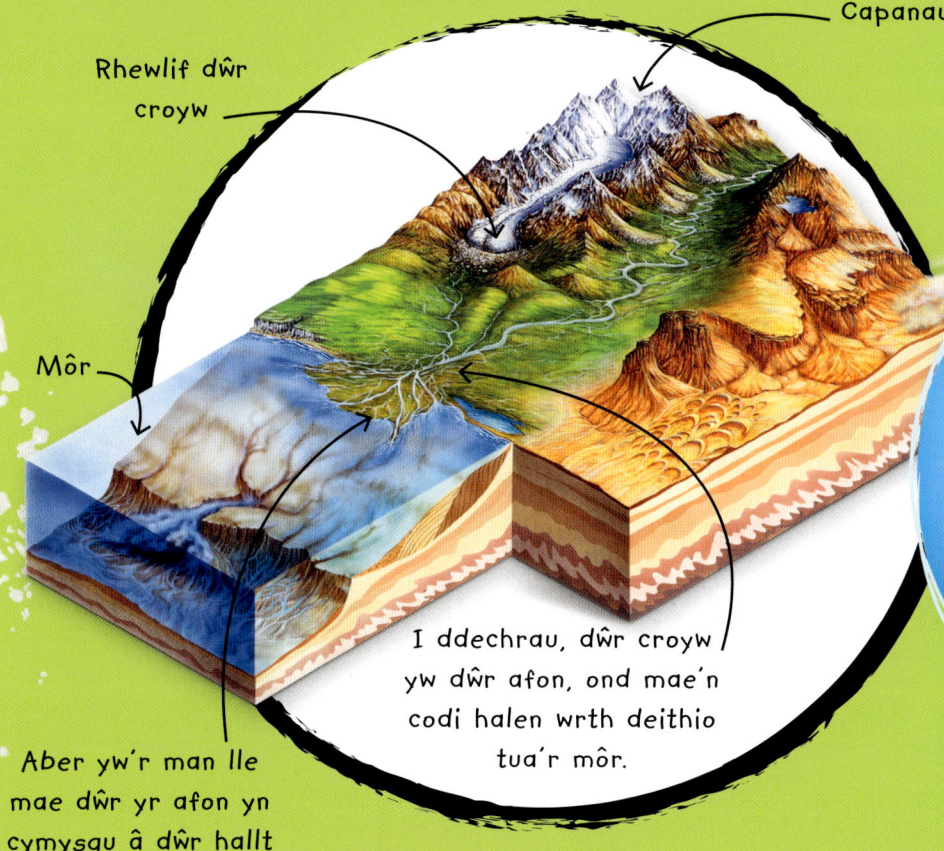

Capanau iâ

Rhewlif dŵr croyw

Môr

I ddechrau, dŵr croyw yw dŵr afon, ond mae'n codi halen wrth deithio tua'r môr.

Aber yw'r man lle mae dŵr yr afon yn cymysgu â dŵr hallt y môr.

Dŵr hallt yw'r rhan fwyaf o ddŵr y Ddaear.

'Halltedd' yw'r enw am gyflwr hallt y dŵr.

Gall pysgod yfed dŵr môr. Mae eu tagellau'n cael gwared o'r halen ychwanegol.

Dŵr môr, nid gwaed, sy'n rhedeg drwy gorff y seren fôr.

Y cylch dŵr

Dychmyga fynd **i fyny** ac **i lawr** llithren yn ddi-stop – dringo i fyny, llithro i lawr, rhedeg yn ôl, a dringo eto! Mae dŵr y byd yn gwneud rhywbeth tebyg iawn.

1
Mae gwres yr haul yn anweddu dŵr y môr. Mae hynny'n golygu bod y dŵr yn troi'n nwy ac yn codi.

Sut mae'n gweithio?

Yr un faint o ddŵr sydd ar y Ddaear bob amser, ond mae'r dŵr yn **symud o gwmpas o hyd**. Mae'n crynhoi yn yr awyr, yn disgyn ar y ddaear, yn teithio i'r môr, ac yn codi i'r awyr eto.

5
Mae'r Haul yn cynhesu'r dŵr ac mae'r cylch yn ailgychwyn.

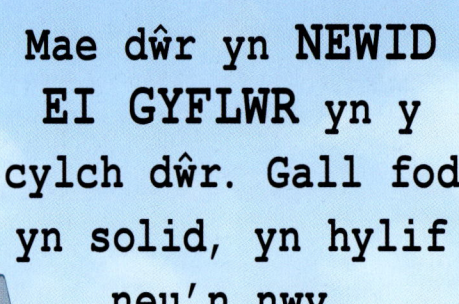

Mae dŵr yn NEWID EI GYFLWR yn y cylch dŵr. Gall fod yn solid, yn hylif neu'n nwy.

Nwy

Solid

Hylif

2
Mae'r nwy, sef yr anwedd dŵr, yn oeri ac yn ffurfio diferion bach, bach o ddŵr, sy'n creu cymylau.

3
Mae cymylau'n cynhyrchu glaw, eira, neu genllysg, sef 'dyodiad'.

Beth yw tywydd?

Mae tywydd yn disgrifio beth sy'n digwydd yn yr aer o'n cwmpas. Mae rhagolygon y tywydd yn rhagweld beth fydd yn digwydd. Gall fod yn boeth, oer, heulog, gwlyb, gwyntog, stormus, neu'n bwrw eira.

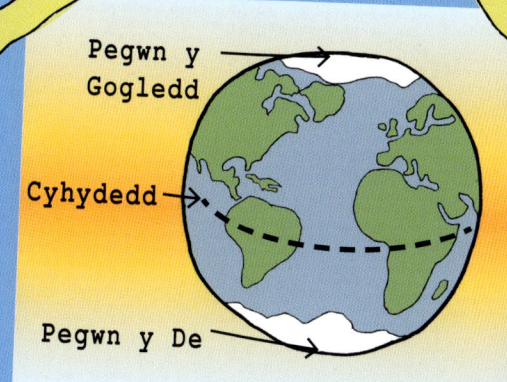

Mae tywydd sy'n nodweddiadol o fan arbennig yn cael ei alw'n hinsawdd. Er enghraifft, mae'r hinsawdd yn boeth o gwmpas y cyhydedd, ond yn oer o gwmpas Pegynau'r Gogledd a'r De.

4
Mae dŵr yn disgyn ar y tir, yn crynhoi mewn nentydd ac afonydd ac yn cael ei gario'n ôl i'r môr.

Hen foroedd

Ffurfiodd y môr **biliynau** o flynyddoedd yn ôl, ac yna daeth y creaduriaid môr cyntaf.

Creaduriaid hynafol

Infertebratau morol (anifeiliaid heb asgwrn cefn), â chregyn caled oedd y creaduriaid môr cyntaf. Yn ddiweddarach, daeth y **fertebratau** (anifeiliaid ag asgwrn cefn), gan gynnwys ymlusgiaid môr a mamaliaid.

500 miliwn o flynyddoedd yn ôl
daeth yr infertebratau cyntaf i lenwi'r moroedd.

250 miliwn o flynyddoedd yn ôl
roedd ymlusgiaid enfawr yn byw yn y moroedd.

Roedd trilobitiaid yn byw ymhell cyn y deinosoriaid.

Ystyr ichthyosor yw 'pysgodyn madfall' yn iaith Groeg.

Am filiynau o flynyddoedd, roedd y môr yn llawn trilobitiaid. Roedden nhw'n cropian ar hyd gwely'r môr, neu'n nofio drwy'r dŵr. Roedd corff caled gan y trilobit ac edrychai'n debyg i wrachen ludw.

Roedd yr ichthyosor yn byw yr un adeg â'r deinosor. Edrychai dipyn bach fel dolffin, ac roedd ganddo drwyn hir, pigog.

Y môr cyntaf

Pan ffurfiodd y môr, doedd gan y Ddaear **ddim cyfandiroedd**. Ffurfiodd cyfandiroedd yn ddiweddarach, ar ôl i losgfynyddoedd greu creigiau. Llifodd y dŵr o gwmpas y cyfandiroedd hyn a chreu'r gwahanol foroedd.

Mae ffosilau trilobitiaid yn cuddio yn yr hen greigiau.

20 miliwn o flynyddoedd yn ôl
cyrhaeddodd y megalodon ein moroedd.

Megalodon yw'r siarc mwyaf mewn hanes.

Roedd siarcod yn byw yn y môr ymhell cyn y megalodon, a oedd yn perthyn i'r siarc maco. Diflannodd o'r Ddaear dros 1.5 miliwn o flynyddoedd yn ôl.

Ffosilau

Gweddillion creaduriaid a fu farw filiynau o flynyddoedd yn ôl yw ffosilau. Maen nhw'n brin iawn.

1 Mae anifail marw'n cael ei orchuddio gan fwd a thywod.

2 Mae'r anifail yn pydru, ond fel arfer mae'r sgerbwd a'r dannedd ar ôl, ac yn troi'n garreg.

3 Ar ôl blynyddoedd maith, mae'r sgerbwd wedi toddi, gan adael ffosil ar ôl.

Mae palaeontolegwyr yn astudio ffosilau er mwyn darganfod sut oedd bywyd ar y Ddaear filiynau o flynyddoedd yn ôl.

Gwely'r môr

Mae gwely'r môr yn debyg iawn i'r **tir** ar y Ddaear. Mae mynyddoedd yno, llosgfynyddoedd, ffosydd ac amrywiaeth o blanhigion ac anifeiliaid.

Sgafell gyfandirol
Y darn bas o wely'r môr, lle mae'n cyffwrdd â'r tir.

Llethr cyfandirol
Llethr sy'n cysylltu'r sgafell gyfandirol â'r gwastatir gwaelodol.

Gwastatir gwaelodol
Y darn gwastad sy'n gorchuddio'r rhan fwyaf o wely'r môr.

Ffos
Sianel hir, ddofn yng ngwely'r môr.

Riff cwrel yw ardal lle mae llawer o gwrel. Fel arfer, mae copa'r riff ychydig yn uwch neu ychydig yn is na lefel y môr.

Mae riffiau cwrel yn gorchuddio llai nag un canran o wely'r môr.

Rydyn ni'n byw yn Ffos Mariana.

Octopysau Dumbo

Y **ffos ddyfnaf yn y môr** yw Ffos Mariana. Mae'n 11,034 m (36,200 tr) o ddyfnder.

Llosgfynydd

Yn ymyl y llosgfynyddoedd mae fentiau hydrothermol.

Ffrwd o ddŵr sy'n llifo o wely'r môr yw fent hydrothermol. Mae'n boeth!

Ynys folcanig
Llosgfynydd sy'n codi o'r môr.

Llosgfynydd
Agorfa yng ngwely'r môr lle mae lafa a llwch yn ffrwydro i'r dŵr.

Cefnen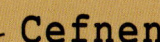
Cadwyn o fynyddoedd tanddwr sy'n ffurfio pan fydd platiau tectonig yn symud oddi wrth ei gilydd.

Môr-fynydd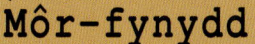
Llosgfynydd tanddwr. Mae ei gopa'n is na lefel y môr.

Môr-fynydd

Y **mynydd talaf yn y môr** yw Mauna Kea. Mae'n 9,750 m (32,000 tr) o daldra.

Yr **anifail sy'n deifio ddyfnaf** yw morfil pig-gŵydd Cuvier. Gall blymio 3,000 m (bron 10,000 tr).

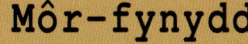

Y **ddeif rydd ddyfnaf** mewn hanes yw 253.2 m (830 tr).

Ynysoedd anhygoel

Pan wyt ti'n meddwl am ynys, efallai dy fod yn dychmygu rhywle heulog, â thywod melyn a choed palmwydd. Ond mae ynysoedd yn wahanol iawn i'w gilydd. Ynys yw'r enw am unrhyw ddarn o dir wedi'i **amgylchynu â dŵr.**

Yr Ynys Las

Maldifau

Mawr neu fach

Ynys fwya'r byd yw'r **Ynys Las**, yng ngogledd Cefnfor Iwerydd. Mae'n rhewllyd. Ar y Ddaear mae yna hefyd lawer o ynysoedd bach, bach o'r enw **ynysigau**.

Tywod neu gerrig

Mae tua 1,200 o ynysoedd tywodlyd yn y **Maldifau**. Ynysoedd creigiog yw 21 ynys **Galápagos**. Maen nhw'n gartref gwych i fywyd gwyllt, fel y crwban mawr.

Mannau poeth

Gall ffrwydradau o grombil y Ddaear dorri drwy wely'r môr a chreu mannau poeth. Gall cyfres o ffrwydradau greu **ynysoedd folcanig**, fel Ynysoedd Hawaii yn y Cefnfor Tawel.

Kilanea yn Hawaii yw'r llosgfynydd mwyaf byw yn y byd. Mae wedi bod yn ffrwydro'n ddi-baid ers 1983!

Yr enw am grŵp o ynysoedd yw 'archipelago'.

Ynysoedd Alewtia

Y Cyclades

Pell neu agos

Grŵp o ynysoedd ymhell o bobman yw **Tristan da Cunha**. Mae ynysoedd eraill yn agos at y tir mawr, gan gynnwys y **Cyclades** ym Môr Aegea, ger Gwlad Groeg.

Poeth neu oer

Mae gan **Ynysoedd Alewtia** hinsawdd oer, gyda glaw trwm a niwl trwchus, ond mae gan **Ynysoedd Cook** hinsawdd trofannol a haul drwy'r flwyddyn.

"Syrffiwr ydw i. Dwi'n dal tonnau ac yn reidio i'r lan ar eu cefnau."

Tonnau

Mae'n hwyl neidio dros y tonnau sy'n torri ar y traeth. Ond **o ble** mae tonnau'n **dod**, a pham maen nhw'n torri?

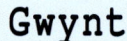 Gwynt

Sut mae tonnau'n gweithio?

Pan fydd y gwynt yn chwythu dros wyneb y môr, mae'n **codi tonnau**. Mae tonnau'n ffurfio pan fydd dŵr yn symud mewn cylch. Gwyntoedd cryf, parhaol sy'n creu'r tonnau mwyaf.

Mae dŵr yn symud mewn cylch.

Wrth i donnau dyfu, maen nhw'n ffurfio patrymau gwahanol, o'r enw **crychau**, **crychau garw** ac **ymchwydd**.

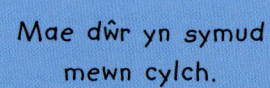

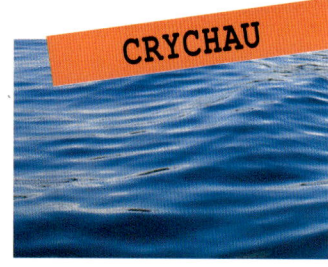

Mae'r gwynt yn chwythu dros wyneb y môr ac yn creu crychau bach.

Wrth i'r gwynt ddal i chwythu, mae'r crychau'n troi'n arw.

Ymhen amser, mae'r crychau garw'n troi'n donnau go iawn, o'r enw ymchwydd.

Y 'Biblinell' yn Oahu, Hawaii.

Tonnau cyrliog

Y tonnau gorau ar gyfer syrffio yw'r rhai sy'n cyrlio ac yn ffurfio **tiwb**. Mae'r 'Biblinell' yn Oahu, Hawaii, yn gwneud hyn, a gall y tonnau gyrraedd uchder o 6 m (20 tr) – mor dal â jiráff!

Ton

Gall tonnau **MAWR** iawn achosi difrod wrth daro'r lan.

Ton yn torri

Sut mae tonnau mawr yn ffurfio ac yn torri

1 Pan fydd ton yn nesáu at y lan, mae ei gwaelod yn taro gwely bas y môr.

2 Mae hyn yn tarfu ar y symudiad cylch, gan arafu'r don a'i gwneud yn dalach.

3 Mae'r dŵr ar frig y don yn teneuo.

4 Mae'r don yn cyrlio ac yna'n torri.

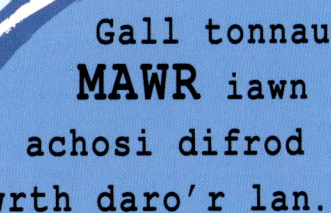
Gwely'r môr ger y traeth.

Gall tonnau mawr nerthol erydu (difetha) creigiau, symud tywod o'r traeth a hyd yn oed ddinistrio waliau!

Llosgfynyddoedd ar wely'r môr sy'n creu'r tonnau cryfaf. Mae'r tonnau hyn yn tyfu'n fwy wrth nesáu at y tir.

Ceryntau

Mae ceryntau'n debyg i afonydd tanddwr, sy'n gwthio dŵr môr o amgylch y byd. Mae yna geryntau **arwyneb** a cheryntau **dŵr dwfn** yn y môr.

Cludfelt Byd-eang

Un o'r ceryntau hiraf yn y byd yw'r Cludfelt Byd-eang. Mae'n symud dŵr oer a dŵr poeth yr wyneb, o gwmpas y byd ar daith sy'n para **1,000 o flynyddoedd**.

Mae ceryntau araf, sy'n troi mewn cylch, yn gwneud i sbwriel grynhoi a chwyrlïo.

1 Yr Ynys Las

Gogledd America

Cefnfor Iwerydd

De America

Cefnfor Tawel

2

Cefnfor y De

1 Dŵr oer hallt ger y pegwn yn suddo ac yn symud yn araf tua'r de.

2 Mae'r cerrynt dŵr dwfn yn cymysgu â dyfroedd oer Antarctica.

28

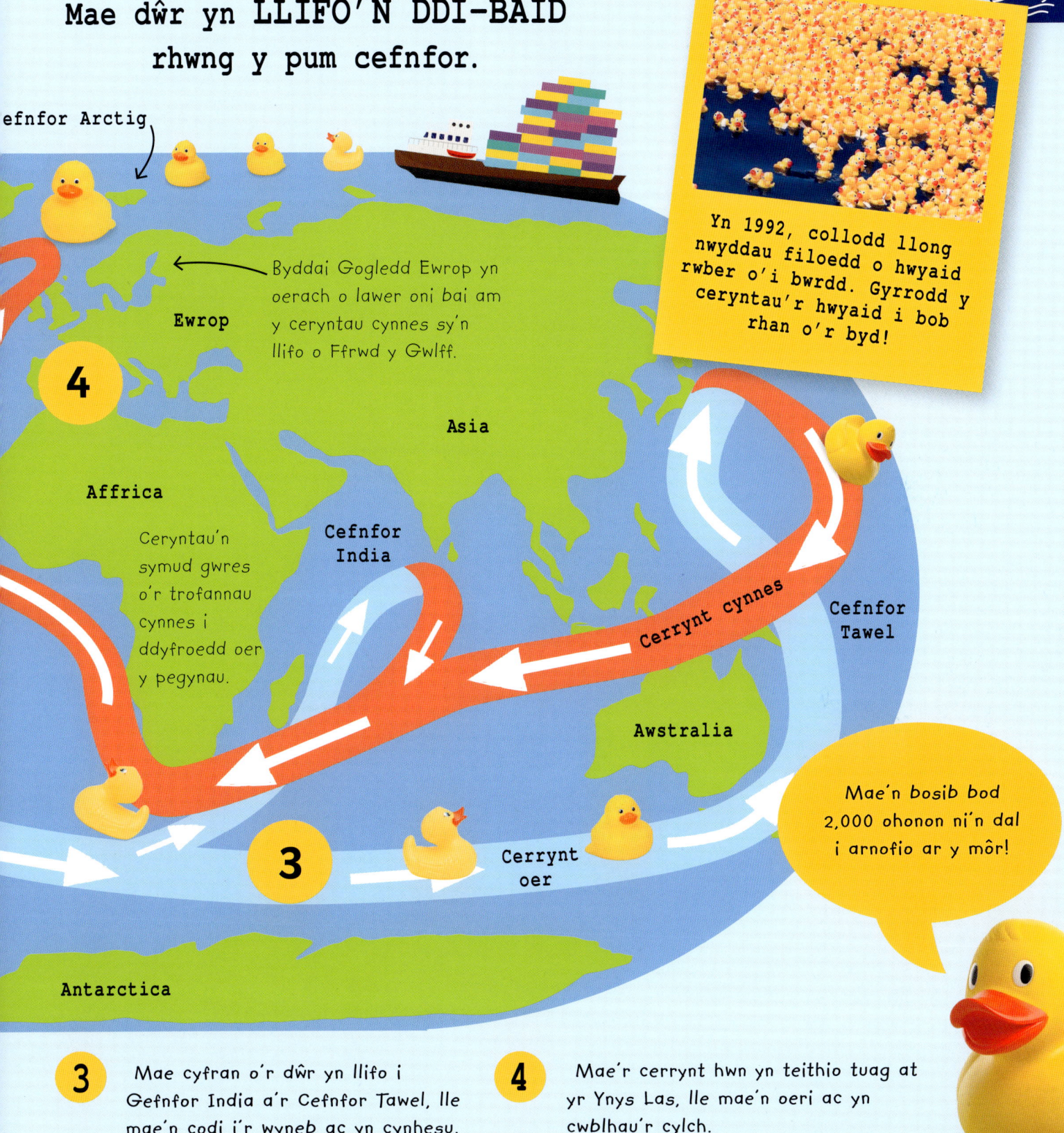

Llanwau

Bob dydd mae lefel y môr ar yr arfordir yn codi ac yn gostwng. 'Llanwau' yw'r enw am hyn. **Disgyrchiant y Lleuad** sy'n eu hachosi, sef grym anweledig sy'n atynnu'r Ddaear.

Uchel neu isel?

Pan fydd disgyrchiant y Lleuad yn tynnu dŵr y môr tuag ato, mae lefel y môr yn codi. Dyna yw **llanw uchel**. Pan fydd lefel y môr yn gostwng, mae'r **llanw'n isel**.

Llanw isel
Pan fydd atyniad y Lleuad yn wan, mae lefelau'r dŵr yn gostwng. Dyw'r tonnau ddim yn mynd yn bell i fyny'r traeth.

LLANW ISEL:
Y môr yn mynd allan

Llanw uchel
Pan fydd atyniad y Lleuad yn gryf, mae lefelau dŵr yn codi. Mae'r tonnau'n gorchuddio'r traeth.

LLANW UCHEL:
Y môr yn dod i mewn

Mae'r rhan fwyaf o arfordiroedd yn cael DAU LANW UCHEL

"Mae'n cymryd diwrnod cyfan i'r Ddaear droi."

Troad y llanw

Mae'r Ddaear yn troi wrth i'r Lleuad deithio o'i chwmpas. Mae'r môr yn codi neu'n gostwng, yn dibynnu ar ba rannau o gefnforoedd y Ddaear sy'n **wynebu'r** Lleuad.

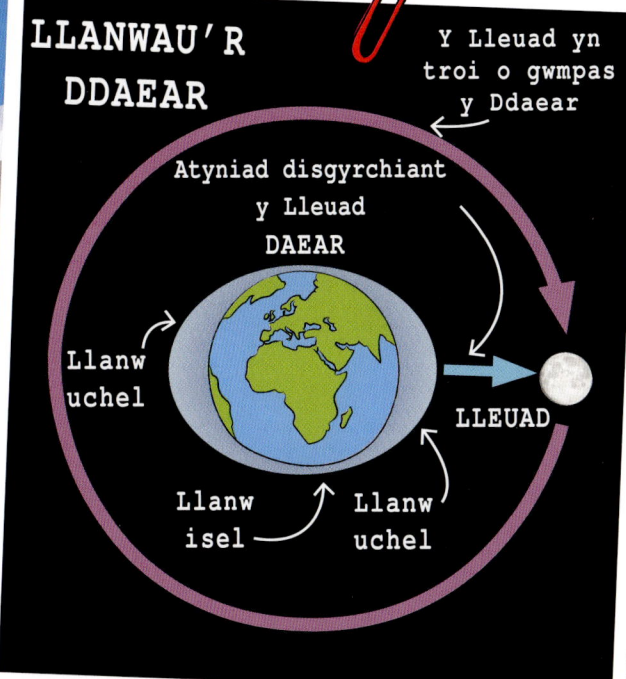

LLANWAU'R DDAEAR

Y Lleuad yn troi o gwmpas y Ddaear

Atyniad disgyrchiant y Lleuad

DAEAR

Llanw uchel

LLEUAD

Llanw isel   Llanw uchel

RHYBUDD

Gall dŵr orchuddio'r traeth yn gyflym iawn, felly mae'n bwysig gwybod pryd mae'r llanw'n dod i mewn neu'n mynd allan.

Mae'r llanw'n uchel ar ddwy ochr y Ddaear ar yr un pryd.

Pyllau glan môr

Pan fydd y llanw'n isel, edrych am greaduriaid bach, fel crancod, yn y pyllau ar y creigiau.

a DAU LANW ISEL bob dydd.

Erydu'r arfordir

Mae hyd yn oed tonnau bach yn nerthol iawn. Dros gannoedd o flynyddoedd, maen nhw'n rhwbio'r graig, a'i thorri'n ddarnau **llai** a **llyfnach**. **Erydiad** yw'r enw am hyn.

Creigiau'n rholio oddi ar y clogwyn.

Tonnau'n erydu gwaelod y clogwyn.

1 Tonnau'n taro'n erbyn gwaelod y clogwyni. Dros amser, mae'r graig yn treulio.

2 Yn y diwedd, mae'r gwaelod wedi treulio gymaint, all e ddim cynnal pwysau'r clogwyn trwm uwchben, ac mae hwnnw'n disgyn i'r môr.

Chwalu'r graig!

Dros amser, mae'r creigiau'n cael eu **torri'n ddarnau mân**. Wrth i donnau nerthol eu malu, ac i greigiau daro'n erbyn ei gilydd, o dipyn i beth mae creigiau enfawr yn troi'n ronynnau mân o dywod.

Creigiau

Cerrig mân

Mae creigiau caled, fel gwenithfaen, yn erydu'n araf.

Mae creigiau meddal, fel sialc, yn erydu'n gyflym.

Pan fydd tir yn ymwthio i'r môr, gall y tonnau ei falu a ffurfio 'ogof fôr'. Os yw'r tonnau'n torri drwy'r ogof, maen nhw'n creu 'bwa môr'.

3 Mae'r tonnau'n codi'r deunydd creigiog, ond allan nhw ddim dal gafael arno i gyd.

4 Mae'r creigiau a'r cerrig trymach yn disgyn ym mhen ucha'r traeth, a'r gronynnau bach tywod yn cael eu gadael ar lan y môr.

Graean

Tywod

Cofeb Yonaguni
Mae gan Japan ffurfiant creigiau arbennig iawn – **'grisiau' tanfor**, gwastad, enfawr wedi eu cerfio yn y graig. Ydyn nhw'n naturiol neu a oes rhywun wedi eu creu? Dyw gwyddonwyr ddim yn siŵr.

Peryglon

Mae'r rhan fwyaf ohonon ni'n edrych ar ragolygon y tywydd cyn mynd allan. Ond dyw cawod o law yn ddim o'i chymharu â'r **peryglon naturiol** sy'n effeithio ar ein moroedd. Barod i fentro i'w canol?

Llifogydd

Gall **glaw trwm** achosi llifogydd. Gall codiad yn lefel y môr wneud hynny hefyd. Os yw'r môr yn rhy uchel, gall orlifo dros yr arfordir a dinistrio adeiladau.

Corwyntoedd

Mae **stormydd trofannol** o'r enw 'corwyntoedd' yn ffurfio dros Ogledd Iwerydd a gogledd-ddwyrain y Cefnfor Tawel. Gallan nhw fod mor llydan â dinas a phara am ddyddiau ar y tro.

Pan fydd corwynt yn cyrraedd tir, gall ddinistrio ceir, coed ac adeiladau.

Corwynt a seiclon – dyna ddau enw am storm drofannol. Mae'r enw'n dibynnu ar ba ran o'r byd mae'r storm yn taro.

Seiclonau

Gall **gwyntoedd cryf**, **troellog** ffurfio'n sydyn yn y gwres uchel uwchben De'r Cefnfor Tawel a Chefnfor India. Mae seiclonau'n teithio'n rhyfeddol o gyflym.

Rhagweld trychinebau

Allwn ni ddim atal tywydd eithafol, ond mae arbenigwyr a thechnolegau newydd yn gallu'u rhagweld. Mae gorsafoedd tywydd a llongau ymchwil yn nodi newidiadau yn y tymheredd ac yn lefelau'r môr. Maen nhw'n rhagweld beth sy'n mynd i ddigwydd, ac yn rhoi mwy o amser i bobl baratoi.

— Llong ymchwil

Trobyllau

Pan fydd dau gerrynt yn cwrdd yn y môr, maen nhw'n creu darn o ddŵr **troellog** o'r enw 'trobwll'. Gall trobwll cryf lusgo nofwyr a chychod o dan y dŵr.

Ffrwydradau llosgfynydd

Mae'r rhan fwyaf o'r ffrwydradau hyn yn digwydd o dan y dŵr. Mae llosgfynyddoedd yn ffrwydro mewn **mannau poeth**, gan chwythu lafa a lludw. Mae dŵr y môr yn oeri'r lafa a'r lludw ac yn eu troi'n graig solet.

Tswnamïau

Mae llosgfynyddoedd a daeargrynfeydd yn creu siocdonnau, sy'n gallu cynhyrchu **waliau peryglus o ddŵr** o'r enw 'tswnamïau'. Maen nhw'n symud yn gyflym tuag at yr arfordir, ac yn dinistrio popeth o'u blaenau ar ôl cyrraedd tir.

Dyma nhw,

yr anifeiliaid

Mae rhai o anifeiliaid rhyfeddaf a mwyaf diddorol y byd yn **byw yn y môr**. Mae pob math o anifeiliaid yn byw yn ein dyfroedd, o'r dreigiau môr bach i'r morfilod mawreddog. I mewn â ni i gwrdd â nhw – ond gwylia rhag y nadroedd môr slei!

Rhyfeddodau bach

Mae bach yn **bwysig**! Allai'r moroedd ddim gweithio fel maen nhw, oni bai am y creaduriaid bach hyn.

Söoplancton

Creaduriaid môr **miscrosgopig** yw'r söoplancton. Maen nhw'n drifftio yn y môr ac yn bwyta ffytoplancton bach, bach, sy'n debyg i blanhigion. Mae anifeiliaid mwy yn dibynnu ar y söoplancton am fwyd.

söoplancton

Cril

Mae'r söoplancton bach hyn, sy'n debyg i berdys, yn cael eu bwyta gan forfilod, môr-lewys, pengwiniaid a physgod. Mae heigiau mawr o gril yn weladwy o'r **gofod**!

Mae cyfanswm pwysau'r cril yn ein moroedd yn fwy na chyfanswm pwysau'r holl bobl yn y byd!

Copepod

Math o söoplancton yw'r creadur bach hwn. Dyma'r anifail mwyaf niferus yn y môr! Mae ganddo **deimlyddion** hir i chwilio am fwyd, ac mae'n cadw'r moroedd yn lân drwy fwyta algâu, bacteria ac organebau marw.

Teimlyddion

Mae'r gair 'PLANCTON' yn dod o'r gair Groeg am 'DDRIFFTIWR'.

Mae llawer o blancton yn cael eu cario ar y llanw a'r ceryntau.

Gwsberen fôr

Ar gychwyn ei bywyd, larfa tebyg i jeli yw'r gwsberen fôr. Wrth dyfu, mae'n **datblygu** llygaid mawr, ac mae'n farus iawn.

Gwsberen fôr

Saethlyngyren

Mae'r saethlyngyren yn dryloyw ac yn nofio'n gyflym. Mae'n defnyddio **bachau** ar ei phen i ddal prae, fel y copepodau.

Saethlyngyren

Sbwng syfrdanol

Does gan sbyngau ddim pen na chalon. Allan nhw ddim symud hyd yn oed! Mae'r **anifeiliaid syml** hyn yn perthyn i grŵp o greaduriaid môr heb asgwrn cefn o'r enw 'infertebratau morol'.

Dwi'n gwisgo sbwng i warchod fy nhrwyn pan fydda i'n chwilio am fwyd.

Sbwng peipen-stôf

Paid â chyffwrdd â'r un coch. Bydd e'n dy losgi di!

Sbwng tân

Mae gan **sbyngau peipen-stôf** diwbiau pinc a phorffor. Maen nhw'n byw mewn dŵr dwfn. Yno, all ceryntau cryf ddim torri eu tiwbiau bregus.

Mae cemegyn ar **sbyngau tân**, sy'n achosi brech boenus, os bydd rhywun yn cyffwrdd â nhw. Mae hynny'n atal y rhan fwyaf o ysglyfaethwyr rhag eu bwyta.

Ffosil sbwng

Mae sbyngau ymlith y creaduriaid byw hynaf ar y Ddaear.

Sbwng dŵr dwfn yw basged flodau Gwener. Mae wedi'i wneud o silica, prif gynhwysyn gwydr. Mae ynddo sawl haen o silica, felly mae'n wydn iawn!

Sut mae sbwng yn goroesi

Mae gan sbyngau sgerbydau mewnol caled sy'n eu hangori i'r llawr. Hefyd maen nhw'n llawn croendyllau sy'n amsugno dŵr môr. Mae blew bach, bach yn cydio yn y bwyd, cyn i'r dŵr gael ei wthio allan eto.

Aaaashww

Sbwng oren, fel crawen ar graig.

Gwylia! Mae hwnna'n wenwynig.

Sbwng yn tisian

Mae'r sbwng rhaff wydr weithiau'n '**tisian**'. Mae'n amsugno dŵr, ac yna'n ara' bach yn ei disian allan eto – gall hyn bara am wythnosau!

Sbyngau fflat, lliwgar yw'r **sbyngau crawennog**. Mae llawer yn wenwynig, ond mae rhai ysglyfaethwyr wedi ymaddasu ac yn gallu'u bwyta, beth bynnag.

Jojo jeli

Dyw pysgod jeli ddim yn bysgod! Does ganddyn nhw ddim ymennydd, calon, gwaed, nac esgyrn. Ond mae ganddyn nhw gorff meddal a **thentaclau** hir, **brathog** sy'n taro'u prae'n anymwybodol.

Corff siâp bocs (cloch) â cheg ar y gwaelod.

Mae'r pysgodyn jeli bocs mor fach â grawnwinen!

Hyd at 15 tentacl ar bob cornel o'r gloch.

Bocs peryglus

Gwylia di – mae'r pysgodyn jeli bocs yn farwol! Gall un cyffyrddiad o'i dentaclau ladd person. Mae ganddo dros **5,000 cell frathog** ar ei dentaclau, sy'n cynnwys gwenwyn marwol.

Pysgodyn jeli bocs

Aaa! Dwi'n dianc.

Yr enw am grŵp o bysgod jeli yw HAID.

Pysgodyn jeli mwng llew

Dyma bysgodyn jeli mwya'r byd. Mae'n defnyddio'i dentaclau **blewog** fel rhwyd i ddal ei brae.

Pysgodyn jeli'r lleuad

Mae gan y pysgod jeli yma **glychau tryloyw** – felly rwyt ti'n gallu gweld drwyddyn nhw. Mae corff pysgodyn jeli wedi ei wneud o ddŵr, gan fwyaf, felly os caiff ei olchi i'r lan, mae'n suddo i'r llawr.

Mae yna bysgod jeli o bob lliw a llun.

Pysgodyn jeli aur

Yr het flodau

Y belen canon

Y brathwr porffor

Does dim ymennydd gan bysgod jeli, ond mae eu nerfau'n synhwyro gwres a chyffyrddiad.

Roedd yr Ymerawdwr Hirohito o Japan yn dwlu ar bysgod jeli. Roedd e'n treulio bob prynhawn Llun ac Iau yn eu hastudio ac yn ysgrifennu papurau gwyddonol amdanyn nhw.

Sêr siriol

Sêr môr ydyn ni. Rydyn ni'n wahanol iawn i bysgod.

Does gan sêr môr ddim ymennydd na chalon, ond maen nhw'n dal i allu symud drwy ddefnyddio eu **breichiau gludiog**. Mae'r creaduriaid lliwgar yma'n tynnu sylw fel sêr go iawn!

Seren fôr gyffredin

Seren fôr las

Oes braich eto?

Pum braich sydd gan y mwyafrif o sêr môr, ond mae gan rai gymaint â 50! Os bydd seren fôr yn colli braich, mae'n **aildyfu**.

Troed ar fraich

Mae gan freichiau'r seren fôr gannoedd o **diwbiau bach**, sy'n gweithredu fel traed. Ar ben bob braich mae llygad.

Seren neclis

Seren bigau coch

Llygad seren fôr

Gall rhai sêr môr AILDYFU eu corff cyfan o un fraich yn unig!

Braich seren fôr

Mae tua 2,000 o wahanol

> Mae rhai ohonon ni yr un lliw â gwely'r môr, ac eraill yn lliwgar i ddychryn gelynion.

Seren glustog coch

Sêr blodau haul

Sêr blodau haul yw rhai o'r sêr môr mwyaf a chyflymaf.

I mewn ac allan

Mae'r tiwbiau ar freichiau'r seren fôr yn bachu bwyd, fel molysgiaid a chwrel, ac yn ei gario i'w cheg. Mae'r seren fôr **yn gwthio'i stumog** allan o'i chorff, yn treulio'r bwyd, ac yna'n sugno'i stumog i mewn eto!

Ceg seren fôr

Ein teulu ni

Mae'r sêren fôr, ciwcymber y môr a'r draenog môr yn perthyn i'r teulu **ecinoderm**. Mae ganddyn nhw groen pigog a thraed siâp tiwb, ond dim asgwrn cefn, ymennydd, na chalon.

Mae **ciwcymber y môr** yn chwistrellu deunydd gludiog i ddal ysglyfaethwyr sy'n ymosod arno.

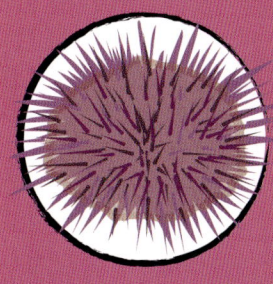

Mae gan y **draenog môr** bigau miniog i atal gelynion rhag dod yn rhy agos.

Mae'r **sylltau môr** yn edrych fel draenogod môr fflat, â phigau llai. Maen nhw'n byw ar wely'r môr.

FATHAU o SÊR MÔR.

Cregyn crand

Mae gan lawer o anifeiliaid gregyn allanol, caled i amddiffyn eu cyrff meddal. Mae rhai'n **byw** yn eu cregyn, a rhai'n eu defnyddio fel **arfwisg**.

Cranc meddal

Does dim cragen gan y cranc meddal, felly mae'n mynd i **chwilio** am hen gragen malwen fôr ac yn symud i mewn iddi!

Crwban y môr

Mae gan grwban y môr gragen sy'n **amddiffyn ei du mewn**. Yn wahanol i grwban cyffredin, all e ddim tynnu ei ben na'i goesau i mewn i'w gragen.

Wyt ti erioed wedi dal CRAGEN WAG wrth dy glust?

Cario cnau coco

Cyrff meddal sydd gan octopysau, ond does ganddyn nhw ddim cregyn. Weithiau maen nhw'n cario **plisgyn cneuen goco** i'w hamddiffyn. Os daw gelyn, maen nhw'n dringo i mewn a chau'r plisgyn â chlep!

Cragen Fair

Câi CREGYN MAIR eu defnyddio fel arian ar un adeg.

Cragen gylchog

Mae'r creadur hwn yn byw mewn **dwy gragen**. Mae cregyn cylchog i'w gweld ar draethau ledled y byd.

Clust fôr

Math o **falwen fôr** yw'r *abalone*, neu'r glust fôr. Mae ei thagellau'n rhyddhau dŵr drwy dyllau yn ei chragen.

Lleuen fôr

Mae **wyth plât** ar gragen y lleuen fôr, felly os yw hi'n disgyn o'r graig, gall rolio'n bêl **galed**.

Cimwch

Wrth i'r cimwch fynd yn hŷn, mae'n cael gwared o'i gragen galed, gan ddatgelu'r gragen newydd hardd sy'n tyfu oddi tani! **Bwrw cragen** yw'r enw am hyn.

Mae rhai'n dweud y clywi di sŵn y MÔR!

Crancod crafangog

Mae'n hwyl chwilio am grancod yn y pyllau glan môr. Maen nhw'n greaduriaid bach **chwim** a **diddorol** dros ben.

← Crafanc

Coes →

Mae crancod yn defnyddio'u crafangau miniog i gipio a dal eu prae, a hefyd i ymladd gelynion.

Wysg ei ochr

Rhag ofn i'w wyth **coes gymalog** fynd ar draws ei gilydd, mae'r cranc yn symud **wysg ei ochr** yn lle tuag ymlaen. Fel hyn, gall symud yn hawdd ac yn gyflym dros y tywod.

Dyma lle mae llygaid go iawn y cranc.

Mae gan grancod lygaid ar goesau er mwyn gweld perygl. Os oes rhywbeth yn eu bygwth, mae crancod yn diflannu o dan y tywod.

Taith faith

Bob blwyddyn, mae **miliynau** o grancod coch ar Ynys Nadolig, Awstralia, yn teithio o'r goedwig i'r môr. Mae'r siwrnai anhygoel hon yn para am tua wythnos.

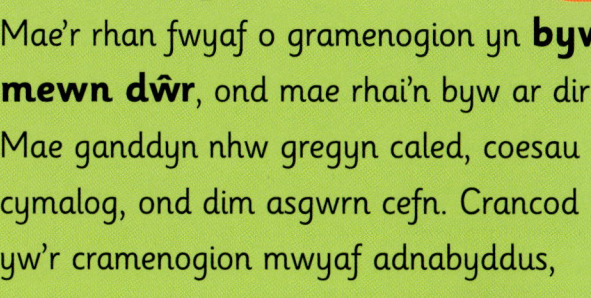

> Fi yw 'sborionwr y traeth'. Fe wna i fwyta unrhyw beth!

CRANCOD YN CROESI

Mae crancod yn bwyta berdys.

Cramenogion

Mae'r rhan fwyaf o gramenogion yn **byw mewn dŵr**, ond mae rhai'n byw ar dir. Mae ganddyn nhw gregyn caled, coesau cymalog, ond dim asgwrn cefn. Crancod yw'r cramenogion mwyaf adnabyddus, ond dyma bedwar ffrind arall.

Mae gan **y cimwch** grafangau i ddal bwyd ac amddiffyn ei hun.

All **cregyn llongau** ddim symud. Maen nhw'n glynu wrth long neu graig.

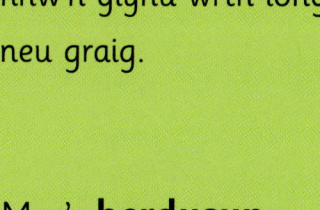

Mae'r **berdysyn mantis** yn defnyddio ei ail set o goesau cudd i ymosod ar ei brae.

Mae'r **cril** pitw bach yn drifftio drwy'r dŵr ac yn cael eu bwyta gan lawer o greaduriaid y môr.

Cregyn deuglawr cyfrwys

Mae llawer o gregyn gwag ar y traeth. Roedd creaduriaid â chyrff meddal o'r enw **molysgiaid** yn byw ynddyn nhw unwaith. 'Cragen ddeuglawr' yw'r enw am folysg sy'n byw mewn dwy gragen golfachog.

Cregyn cryf

Cadw'r molysgiaid hyn yn ddiogel y mae eu cregyn caled. Maen nhw'n creu'r cregyn dros amser, drwy ddefnyddio **mwynau** yn nŵr y môr. Mae gan rai cregyn deuglawr 'droed' gyhyrog, sy'n ymwthio o'r gragen ac yn eu helpu i symud o gwmpas.

Cregyn cylchog

Siffon

Perl

Cregyn cylchog

Mae gan gragen gylchog diwb hir o'r enw **siffon**, i'w helpu i **anadlu** a hidlo bwyd o'r dŵr.

Wystrys

Mae wystrys yn creu **perlau** er mwyn eu hamddiffyn eu hunain. Os daw creadur dierth i mewn i'w cragen, maen nhw'n ei lapio mewn deunydd o'r enw nacr i'w atal rhag dianc.

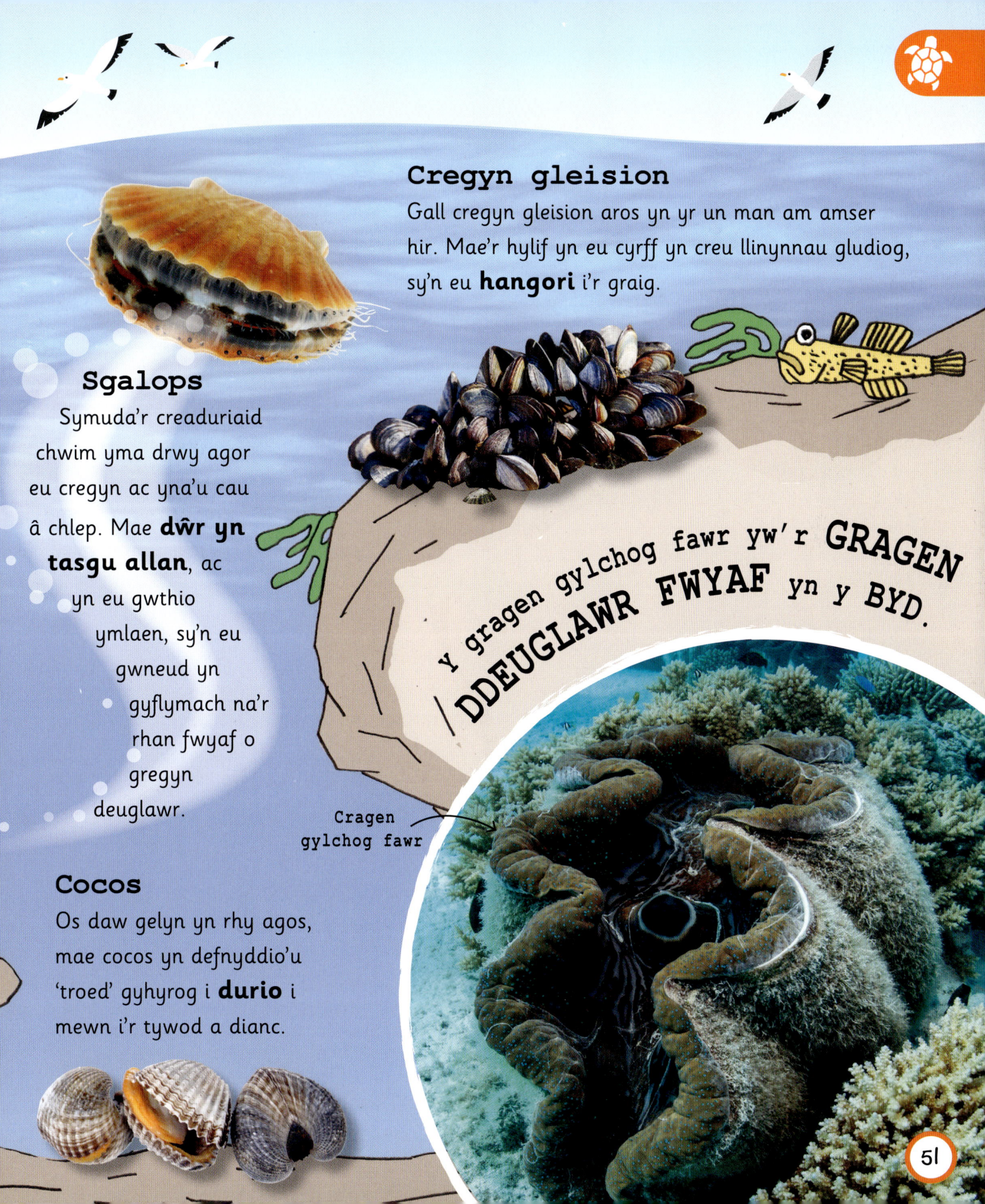

Cregyn gleision

Gall cregyn gleision aros yn yr un man am amser hir. Mae'r hylif yn eu cyrff yn creu llinynnau gludiog, sy'n eu **hangori** i'r graig.

Sgalops

Symuda'r creaduriaid chwim yma drwy agor eu cregyn ac yna'u cau â chlep. Mae **dŵr yn tasgu allan**, ac yn eu gwthio ymlaen, sy'n eu gwneud yn gyflymach na'r rhan fwyaf o gregyn deuglawr.

Y gragen gylchog fawr yw'r GRAGEN DDEUGLAWR FWYAF yn y BYD.

Cragen gylchog fawr

Cocos

Os daw gelyn yn rhy agos, mae cocos yn defnyddio'u 'troed' gyhyrog i **durio** i mewn i'r tywod a dianc.

Môr-lewys mawreddog

Mae'r fôr-lawes anferthol yn cuddio yn nyfroedd dyfnion Antarctica. Dyma'r **infertebrat** byw mwyaf yn y byd, a'r fôr-lawes fwyaf ar y Ddaear, ond anaml iawn mae unrhyw un yn llwyddo i'w gweld.

Cawres y môr

Y fôr-lawes anferthol yw'r rhywogaeth fwyaf yn nheulu'r **ceffalopod**, sy'n cynnwys dos 800 o wahanol octopysau, môr-lewys ac ystifflogod.

Llygad

Mae gan y fôr-lawes hon **lygaid** mwy nag unrhyw anifail arall. Mae pob llygad yn fwy na phêl-fasged.

Mae'r fôr-lawes gwta'n mesur llai na 2.5 cm (1 fodfedd) – tua maint stamp!

Galla i dyfu i'r un hyd â bws!

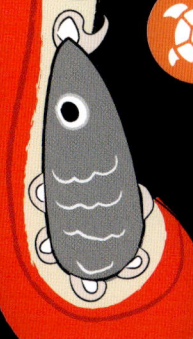

Pig

Mae gan y fôr-lawes anferthol ddau dentacl hir iawn, wedi eu gorchuddio â **bachau symudol**. Maen nhw'n dal y prae, ac yna mae'r fôr-lawes yn ei rwygo â'i **phig**.

Braich

Tentacl

Mae bachau ar y tentacl yn dal y pysgodyn yn dynn.

Beth yw'r gwahaniaeth?

Weithiau mae pobl yn meddwl nad oes dim gwahaniaeth rhwng octopws a môr-lawes. Mae'r ddau'n perthyn i deulu'r ceffalopod, ac maen nhw'n debyg mewn sawl ffordd. Ond maen nhw hefyd yn **wahanol**...

	Octopws	Môr-lawes
Nifer o rywogaethau:	300	298
Breichiau:	8	8
Tentaclau:	0	2
Siâp pen:	Crwn	Trionglog
Esgyll:	0	2 on head
Maint:	Hyd at 9 m (29 tr)	Hyd at 20 m (65 tr)
Cragen:	Dim un	Darn esgyrnog o'r enw pen
Cynefin:	Gwely'r môr	Y môr agored
Pa mor hir maen byw?	3 blynedd	5 mlynedd
Gwaed:	Glas	Glas

Octopws enfawr

Barod i rifo? Mae gan yr octopws enfawr hwn lawer **o wahanol ddarnau** yn ei gorff. Mae ganddo dair calon, a thros 2,000 sugnolyn ar ei wyth braich!

Octopws mawr y Cefnfor Tawel

Mae'n debyg bod octopysau'n gweld mewn du a gwyn.

2 lygad

Dydyn ni ddim eisiau cael ein bwyta!

Breichiau

Mae'n braf cael cymaint o freichiau! Mae'r breichiau'n **hir** ac yn **gryf**, ac yn helpu'r octopws i symud ar draws gwely'r môr, cydio mewn prae a chreigiau, ac agor cregyn cylchog.

8 braich

Dyw e ddim yn cael fy mwyta i heddiw!

Does dim esgyrn gan octopws, felly mae'n YSTWYTH iawn!

54

Deifiwr dŵr dwfn yn cwrdd â'r octopws mawr.

Cawr o greadur

Mae **octopws mawr y Cefnfor Tawel** yn fwy nag unrhyw fath arall o octopws. Oherwydd ei liw coch llachar a'i ben enfawr, mae'n hawdd i'w adnabod. Symuda drwy bympio dŵr drwy ei gorff meddal.

Mae'r octopws yn cuddio drwy newid ei liw i gydfynd â'i gynefin.

Daw'r enw octopws o'r gair Lladin 'OCTO' sy'n golygu 'WYTH'.

2,000
sugnolyn

Sugnolynnau

Tua 2,000 o **sugnolynnau gludiog** sydd gan yr octopws hwn ar ei wyth braich — sef tua 250 sugnolyn ar bob braich! Mae'r sugnolynnau'n gryf iawn, a sensitif, ac yn galluogi'r octopws i flasu ac arogli.

Calonnau

Mae gan yr octopws **ddwy galon**, sy'n cario gwaed i'r tagellau i'w helpu i anadlu. Hefyd mae ganddo **drydedd calon**, sy'n cadw'r gwaed i lifo o amgylch gweddill ei gorff.

3
calon

Malwod a gwlithod môr

Mae malwod a gwlithod yn byw yn dy ardd di, ond mae yna rai eraill sy'n byw **o dan y dŵr**.

Malwod môr

Digon hawdd gweld y gastropodau hyn, achos mae ganddyn nhw **gregyn gweladwy**, sy'n droellog, fel arfer. Mae rhai malwod môr yn hela neu'n chwilota am anifeiliaid, fel mwydod, ond mae malwod eraill yn bwyta planhigion.

Teulu mawr

Perthyn i deulu'r **gastropod** mae pob gwlithen a malwen. Yn y môr mae'r rhan fwyaf o gastropodau yn byw. Maen nhw'n cripian ar hyd gwely'r môr ar 'droed' gyhyrog, neu'n arnofio ar y ceryntau. Mae gan lawer gregyn caled i'w hamddiffyn.

Malwen fôr fach yw pilipala'r môr. Mae'n 'hedfan' ben i lawr drwy'r dŵr, gan ddefnyddio'i 'throed' fel pâr o adenydd.

Mae rhai'n fy ngalw i'n 'trwmped Triton'.

Un o'r malwod mwyaf yn y môr yw'r triton enfawr. Mae'n gallu arogli'n dda, sy'n ei helpu i ddal prae, fel sêr môr.

Hela pysgod mae'r falwen gôn. Gall ei gwenwyn marwol barlysu ei phrae i'w atal rhag nofio i ffwrdd.

Gwlithod môr

Mae rhai mathau o falwod môr wedi troi'n wlithod. Dros filiynau o flynyddoedd, **collon nhw eu cregyn**. Mae'r rhan fwyaf o wlithod môr yn lliwgar iawn ac yn bwyta pysgod neu blanhigion.

Mae'r ddraig las yr un lliw â'r moroedd trofannol o'i chwmpas. Er ei bod yn wlithen fach, mae'n farwol. Gall sugno gwenwyn o'i phrae a'i ddefnyddio yn erbyn ei gelynion.

Mae angylion y môr yn nofwyr cyflym iawn. Gwlithen dryloyw yw hon sy'n edrych yn debyg i angel yn hedfan drwy'r dŵr.

Dwi'n hoffi bwyta pilipala'r môr i ginio.

Â'i dwy glust hir, mae bwni'r môr yn edrych fel cwningen. Mae'n wenwynig, achos mae'n bwyta sbwng môr sy'n llawn gwenwyn.

Ymlusgiaid morol

Mae ymlusgiaid morol yn byw **ar dir** ac **yn y dŵr**. Treulia rhai eu bywyd cyfan yn y dŵr, a rhai ddim ond yn sleifio i mewn i chwilio am ginio.

Mae crocodilod yn dodwy eu hwyau ar dir.

Cario croc bach

Mae'r rhan fwyaf o ymlusgiaid morol yn dodwy **wyau** mewn **mannau tywodlyd**. Ar ôl iddyn nhw ddeor, mae'r fam, yn ofalus iawn, yn cario'r rhai bach i'r dŵr yn ei cheg. Gall gario hyd at 15 ar yr un pryd!

Roedd crwbanod y môr yn byw yn oes y deinosoriaid!

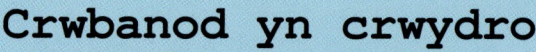

Crwbanod yn crwydro

Treulia crwbanod y môr eu bywyd cyfan yn y môr, gan deithio'n bell iawn i chwilio am fwyd yn aml. Mae crwbanod **ym mhob môr** yn y byd, bron iawn.

Cartref clyd

Mewn **llefydd gwlyb** ar draws y byd mae ymlusgiaid morol yn byw. Mae rhai'n byw mewn dŵr croyw, fel afonydd, ac eraill mewn dŵr hallt, fel y môr. Mae rhai ymlusgiaid yn hoffi dŵr sy'n gymysgedd o'r ddau, sef dŵr 'halltaidd'.

Tisian halen

Gan eu bod yn byw mewn dŵr hallt, mae llawer o ymlusgiaid yn **bwyta gormod o halen**. Ond mae ganddyn nhw ffyrdd clyfar o gael gwared arno. Mae'r igwana môr yn ei disian o'i gorff!!

Esgusodwch fi!

Nofwyr slic

Corff hir, fflat sydd gan y neidr fôr, sy'n berffaith ar gyfer **gleidio** drwy'r môr. Gall ddal ei hanadl o dan y dŵr am oriau ar y tro.

Mae rhai nadroedd môr yn chwilio am fwyd yn y riffiau cwrel.

Bwydo ar y llawr

Daw'r rhan fwyaf o ymlusgiaid o hyd i'w bwyd o dan y dŵr. Mae'r igwana môr yn **cydio** yng ngwely'r môr â'i grafangau, ac yn defnyddio'i drwyn i grafu'r algâu blasus o'r creigiau.

Crwbanod clyfar

Mae crwbanod y môr wedi bodoli ers dros **100 miliwn** o flynyddoedd. Roedden nhw'n byw yr un pryd â'r deinosoriaid! Heddiw mae'r ymlusgiaid rhyfeddol yma'n teithio'n bell iawn i fridio ac i chwilio am fwyd.

Gwna CRAGEN lefn a FFLIPERI hir y crwban yn NOFIWR GWYCH.

Ffliper

Nofiwr cryf

Treulia crwbanod y môr y rhan fwyaf o'u bywyd yn y dŵr ac mae ganddyn nhw synnwyr cyfeiriad arbennig o dda. Gallan nhw **ddal eu hanadl** o dan y dŵr am hyd at saith awr ar y tro!

Gall crwbanod y môr fyw am 50 neu hyd yn oed 100 MLYNEDD!

Mae pysgod bach o'r enw glanhawyr yn bwyta'r algâu a'r croen marw ar gregyn y crwbanod.

Cragen

Yn 1503, gwelodd Christopher Columbus ynys o grwbanod. Roedd e'n meddwl mai creigiau oedden nhw!

Crwbanod ydyn ni, nid creigiau!

Crwban cefn lledr

Dyma'r **crwban môr mwyaf yn y byd** – gall dyfu i faint car bach! Yn lle cragen galed, mae gan y crwban hwn groen fel lledr. Gall nofio o Asia i UDA i chwilio am fwyd.

Crwban cefn lledr

Crwban gwyrdd

Crwban gwyrdd

Yn wahanol i grwbanod eraill y môr, dyw'r crwban gwyrdd llawn dwf ddim yn bwyta cig. **Morwellt** ac **algâu** yw ei fwyd. Cafodd ei enw am fod braster ei gorff yn wyrdd.

Beth yw'r creigiau rhyfedd draw fan 'na?

Siâp pysgodyn

Mae **cennau** dros gorff y pysgodyn, ac mae'n defnyddio **esgyll** a **chynffon** ar gyfer nofio. Er bod yna bysgod o bob lliw a llun, yr un nodweddion sylfaenol sydd ganddyn nhw.

Cynffon yn gwthio'r pysgodyn drwy'r dŵr.

Esgyll dorsal sy'n helpu'r pysgodyn i gadw cydbwysedd.

Mae'r cennau, sef platiau bach, bach, yn amddiffyn y corff.

Esgyll pelfig o dan y corff sy'n ei helpu i newid cyfeiriad.

Nid fi yw'r pysgodyn cyntaf, ond dwi mor hen dwi wedi troi'n ffosil!

Roedd y pysgodyn CYNTAF yn byw

Mae'r tiwna cyflym hwn yr un siâp â bwled!

Siâp arbennig

Mae llawer o bysgod yn nofwyr arbennig o dda, am fod ganddyn nhw gyrff **llyfn** sy'n symud yn hawdd drwy'r dŵr.

Esgyll pectoral ar yr ochr sy'n ei helpu i droi.

Tagellau sy'n amsugno ocsigen o'r dŵr. Mae pysgod yn defnyddio tagellau i anadlu.

Cynffonnau cyflym

Mae **siapiau** cynffonnau pysgod yn dangos sut maen nhw'n nofio drwy'r môr.

Cynffon gilgant

Mae cynffon siâp cilgant yn wych ar gyfer **nofio**'n gyflym iawn.

Cynffon badl

Mae cynffon yr un siâp â phadl cwch rhwyfo yn dda ar gyfer **ymosod yn gyflym** ar brae.

Cynffon fforchog

Mae cynffon siâp fforch yn caniatáu i'r pysgodyn symud yn hawdd **i bob cyfeiriad**.

tua 500 MILIWN o flynyddoedd yn ôl.

Pysgod perffaith

Mae yna dros 32,000 o fathau o bysgod. Maen nhw'n cael eu rhannu'n **dri brif grŵp**, yn ôl y math o gorff a sgerbwd sydd ganddyn nhw.

Pysgod esgyrnog

Mae'r rhan fwyaf o bysgod yn esgyrnog. Mae ganddyn nhw **sgerbwd** mewnol, wedi ei wneud o asgwrn, sy'n gryf, ond yn ysgafn, ac felly maen nhw'n gallu nofio'n hawdd. Gall y sgerbwd cryf gynnal esgyll ystwyth, sy'n gwneud symud yn hawdd. Mae gan y mwyafrif o bysgod esgyrnog bledren aer sy'n eu helpu i arnofio.

Pysgodyn hedegog

Dwi'n bysgodyn esgyrnog. Dwi'n defnyddio fy esgyll mawr ystwyth fel 'adenydd' i osgoi perygl a 'hedfan' o'r môr yn gyflym iawn.

Gobi bychan

Fi yw'r pysgodyn esgyrnog trymaf yn y byd. Dwi mor fawr ac mor drwm â char.

Fi yw un o'r pysgod lleiaf yn y môr. Dwi tua'r un maint â dy ewin.

Pysgodyn yr haul

Pysgod hedegog ydyn ni. Gwylia ni'n hedfan!

Morgath adeiniog

Mae siarcod a morgathod yn bysgod cartilagaidd.

Pysgod cartilagaidd

O ddeunydd meddal ystwyth o'r enw **cartilag** mae sgerbwd pysgodyn cartilagaidd wedi ei wneud, nid o asgwrn. Does gan y pysgod yma ddim pledrenni aer, felly rhaid iddyn nhw ddal ati i nofio, neu byddan nhw'n suddo.

Pysgod heb ên

Pysgod heb ên oedd y pysgod cyntaf ar y Ddaear. Mae'r **lamprai** yn cau ei cheg gron a'i dannedd bachog am ei phrae, ac yn sugno'r gwaed – yn union fel fampir! Does dim esgyll na stumog gan y pysgod hyn chwaith.

Dannedd

Y lamprai, sy'n debyg i lysywen, a'r safngrwn, yw'r unig bysgod heb ên sydd wedi goroesi.

Lamprai

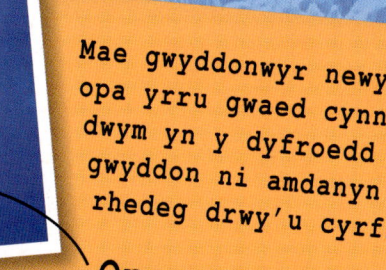

Mae gwyddonwyr newydd ddargafnod yr opa. Gall yr opa yrru gwaed cynnes drwy ei gorff i'w gadw'n dwym yn y dyfroedd oer. Dyma'r unig bysgod y gwyddon ni amdanyn nhw sydd â gwaed cynnes yn rhedeg drwy'u cyrff i gyd.

Opa

Morfeirch mwyn

Mae'r morfarch yn edrych yn **od**, gyda'i ben siâp ceffyl a'i gynffon gyrliog. Mae'n perthyn yn agos i'r ddraig fôr a'r pib-bysgodyn. Am deulu rhyfedd!

Trwyn hir i ddal bwyd sy'n drifftio heibio.

Platiau esgyrnog sy'n creu haen amddiffynnol dros y corff.

Asgell ddorsal i wthio'r morfarch drwy'r dŵr.

Cynffon gyrliog i gydio yn y gwymon.

Morfeirch Pysgodyn yw'r morfarch, er ei fod yn edrych mor wahanol. Mae'n sefyll yn syth ac yn nofio'n wael, ond mae ganddo blatiau dros ei gorff i'w amddiffyn rhag ysglyfaethwyr.

Mae morfeirch yn defnyddio'u cegau **SIÂP**

Llygaid yn troi i bob cyfeiriad.

Draig fôr
Mae'r creadur bach hwn, **sy'n edrych fel draig**, yn perthyn i'r morfarch. Mae ganddo ffriliau, ac mae'n lliwgar, felly mae'n anodd i elynion ei weld rhwng y gwymon.

Pib-bysgodyn
Mae'r pib-bysgodyn yn fain, ac mae ganddo **gorff hir**, **llyfn**, bron fel mwydyn tanddwr. Felly mae'n nofiwr llawer gwell na'i berthnasau, y morfarch a'r ddraig fôr.

Corff hir, main

Yr enw am fabanod morfarch yw mâg.

Dwi'n cario hyd at 2,000 babi yn fy nghod.

Ym myd yr anifeiliaid, y benywod sydd fel arfer yn cael babanod. Mae morfeirch yn wahanol. Y gwryw sy'n geni'r rhai bach. Mae'n cadw'r wyau mewn cod yn ei stumog nes iddyn nhw ddeor.

TIWB i SUGNO bwyd.

"Dwi'n gefnder agos i'r morfarch."

Dreigiau môr deiliog

Mae'r ddraig fôr yn arnofio yn y môr ger arfordir de Awstralia. Mae'n **edrych fel** gwymon.

Dynwared dail

Mae gan y ddraig fôr ddeiliog ddarnau o groen **gwyrdd, sy'n edrych fel dail**, yn hongian o'i phen, ei chorff a'i chynffon. Felly mae'n gallu cuddio rhwng y morwellt a'r gwymon rhag ei gelynion a'i phrae.

Cuddliw cyfrwys

Gall dreigiau môr **newid eu lliw** i gyd-fynd â'u cynefin. Gall eu hoedran a'u diet effeithio ar eu gallu i newid.

Mae'r gwryw'n cario'r wyau,

Nofioooo'n araf iawn.

- Trwyn hir
- Asgell bectoral
- Asgell ddorsal
- Cynffon gyrliog

Nofwyr araf

Does dim brys ar ddreigiau môr! Maen nhw'n symud yn araf iawn, iawn. Helpa'r **esgyll pectoral** ar eu pennau nhw i lywio, a helpa'r **esgyll dorsal** nhw i symud ymlaen.

Defnyddia'r ddraig fôr ei thrwyn hir fel gwelltyn, gan sugno creaduriaid bach drwyddo.

Cadw'n ddiogel

Mae gan ddreigiau môr **blatiau** dros eu cyrff a **phigau** miniog i'w hamddiffyn.

> Does gen i ddim dannedd, felly dwi'n llyncu fy mhrae yn grwn!

sy'n glynu wrth ei gorff!

Siarcod slic

Mae'r siarcod yn helwyr arbennig o dda, ac wedi rheoli'r moroedd ers **miliynau** o flynyddoedd. Gall y nofwyr chwim yma gnoi'n gas, ac arogli gwaed yn y dŵr o bell.

Cynffon gref sy'n gwthio'r siarc drwy'r dŵr ar ras.

Esgyll sy'n helpu'r siarc i symud yn hawdd drwy'r môr.

Siarc llusern bach

Mawr a bach

Mae dros 510 rhywogaeth o siarc yn fyw heddiw, ac maen nhw **o bob lliw a llun**. Gallet ti ddal y siarc llusern bach ar gledr dy law, ond mae siarc morfil mor fawr â bws!

Siarc pen morthwyl

Mae **pen llydan** gan y siarc hwn, ac mae'n gweld yn dda dros ben. Mae ganddo ffroenau a llygaid ar ochr ei ben i'w helpu i chwilio am brae.

Siarc llif drwyn-hir

Trwyn fel **llif gadwyn**, a **barfogion** hir yn hongian ohono sydd gan y siarc hwn. Organau arbennig yw'r barfogion sy'n ei helpu i ddarganfod prae ar wely'r môr.

Barfogyn

Gall ffroenau siarc arogli gwaed gannoedd o fetrau i ffwrdd.

Dant siarc mawr gwyn

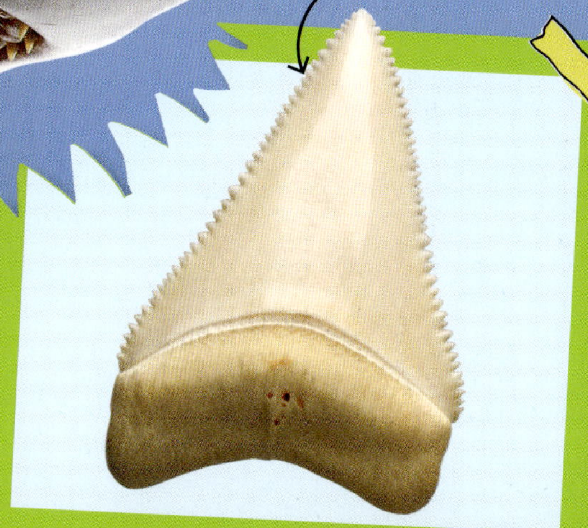

Siarc mawr gwyn

Mae gan siarcod resi o ddannedd. Pan fyddan nhw'n colli neu dorri un, mae un arall yn tyfu.

Mae gan rai siarcod lawer o ddannedd, ond mae rhai heb ddim o gwbl. Mae gan y siarc mawr gwyn ddannedd garw, pigog i rwygo'i brae.

Siarc torrwr bisgedi

Tua 50 cm (20 modfedd) yw hyd y siarc bach hwn – sef tua hyd babi newydd ei eni. Mae'n hoffi cripian tuag at anifeiliaid mawr, a chnoi **tyllau crwn** yn eu cyrff.

Siarc yr Ynys Las

Y siarc enfawr hwn yw'r anifail byw hynaf ag asgwrn cefn, a gall fyw am dros 400 mlynedd. Mae'n nofio'n araf drwy foroedd oer yr **Arctig**, mae'n ddall, ac yn hela drwy arogli.

Morgathod a garwbysgod

Cynffonau hir ac esgyll siâp adenydd sydd gan y pysgod **fflat** yma. Mae rhai'n ymguddio drwy durio yn y tywod.

MAE MORGATHOD A GARWBYSGOD YN PERTHYN YN AGOS I SIARCOD.

Morgath frathog neu garwbysg?

Sut mae gwahaniaethu rhwng y ddau? Mae gan y forgath frathog gynffon hir a **phigiad wenwynig** i'w hamddiffyn. Mae cynffon y garwbysg (*skate*) yn fyrrach, ac yn dewach. Dyw e ddim yn pigo nac yn gwneud niwed i ni.

Cynffon morgath frathog

Cynffon garwbysg

Torri record

Y **garwbysg cyffredin** yw'r mwyaf a'r trymaf o'r garwbysgod. Mae'r nofiwr gwych hwn yn bwyta crancod ar wely'r môr a physgod sy'n nofio yn y môr agored.

Creadur pigog

Mae pigau'n gorchuddio'r **garwbysg dreiniog**, sy'n gwneud iddo edrych fel deinosor o'r hen amser.

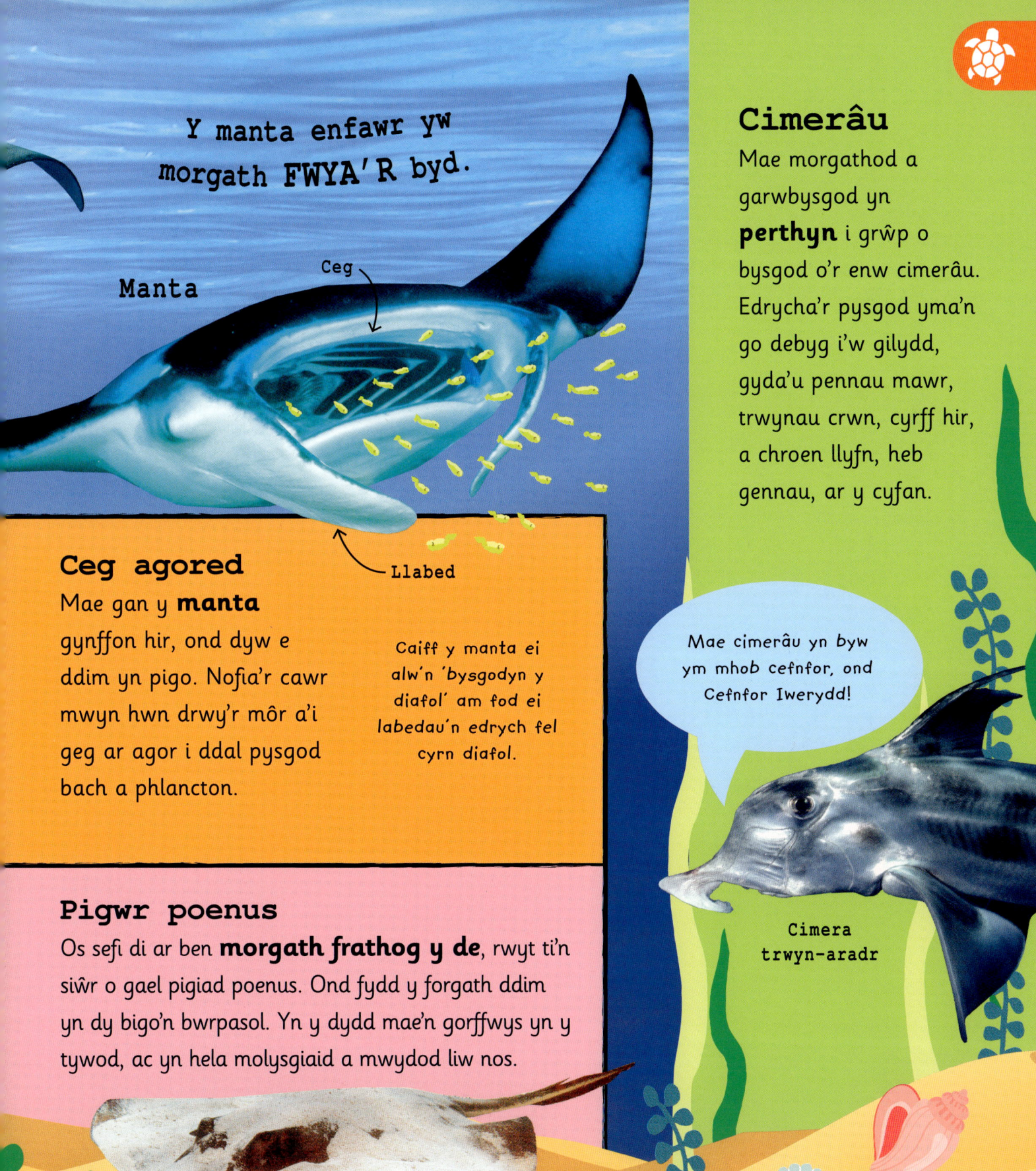

Y manta enfawr yw morgath **FWYA'R** byd.

Manta

Ceg

Llabed

Ceg agored
Mae gan y **manta** gynffon hir, ond dyw e ddim yn pigo. Nofia'r cawr mwyn hwn drwy'r môr a'i geg ar agor i ddal pysgod bach a phlancton.

Caiff y manta ei alw'n 'bysgodyn y diafol' am fod ei labedau'n edrych fel cyrn diafol.

Pigwr poenus
Os sefi di ar ben **morgath frathog y de**, rwyt ti'n siŵr o gael pigiad poenus. Ond fydd y forgath ddim yn dy bigo'n bwrpasol. Yn y dydd mae'n gorffwys yn y tywod, ac yn hela molysgiaid a mwydod liw nos.

Cimerâu
Mae morgathod a garwbysgod yn **perthyn** i grŵp o bysgod o'r enw cimerâu. Edrycha'r pysgod yma'n go debyg i'w gilydd, gyda'u pennau mawr, trwynau crwn, cyrff hir, a chroen llyfn, heb gennau, ar y cyfan.

Mae cimerâu yn byw ym mhob cefnfor, ond Cefnfor Iwerydd!

Cimera trwyn-aradr

73

Dolffiniaid yn deifio

Perthyn i deulu'r **morfilod** y mae'r dolffiniaid. Mamaliaid ydyn nhw, fel ni, ond maen nhw'n byw yn y môr. Maen nhw'n enwog am fod yn glyfar, siaradus a chiwt! Am hwyl!

Cwmni da
Mae dolffiniaid yn hoffi cwmni, felly maen nhw'n byw mewn grŵp clòs, o'r enw **pod**. Mae'r pod yn nofio, hela a chwarae gyda'i gilydd.

Mae dolffin yn gwibio drwy'r dŵr drwy symud ei gynffon i fyny ac i lawr.

Mae'r asgell ddorsal yn helpu'r dolffin i gadw cydbwysedd.

Rydyn ni wedi datblygu ein 'hiaith' ein hunain, sef cymysgedd o glician, gwichian a chwibanu.

Clic!

Helpa'r ffliperi blaen y dolffin i lywio a newid cyfeiriad.

Amser chwarae

Mae dolffiniaid yn gyfeillgar a **chwareus**. Maen nhw'n hoffi nofio o gwmpas cychod a neidio o'r dŵr gyda'i gilydd.

Pan fydd dolffiniaid eisiau bwyd, maen nhw'n gweithio gyda'i gilydd i yrru grwpiau o bysgod i un man. Yna maen nhw'n eu hamgylchynu, ac yn eu rhwystro rhag dianc!

Ffrindiau caredig

Mae dolffiniaid yn **garedig** tuag at ei gilydd. Maen nhw'n rhannu bwyd, yn magu'r babanod gyda'i gilydd, ac yn amddiffyn ei gilydd. Hefyd mae rhai dolffiniaid wedi dod i helpu pobl mewn trafferth.

Hanner cysgu

Pan fydd dolffin yn cysgu, dim ond **un hanner o'i ymennydd** sy'n gorffwyso ar y tro. Mae hynny'n golygu ei fod yn ddigon effro i wylio am siarcod.

ch-ch-ch-ch-ch-ch-ch-ch

Gwich!

Dwi'n cadw un llygad ar agor, pan fydda i'n cysgu.

Clic, clic, gwich, chwît!

Morfilod rhyfeddol

Morfil gwyn

Dwi'n byw yn nyfroedd rhewllyd yr Arctig.

Mae morfilod yn **enfawr**! Mae gan y creaduriaid cymdeithasol yma gyrff trwm, boliau mawr, a chynffonnau rhyfeddol o gryf.

Mamaliaid morol

Mamaliaid yw morfilod, felly mae'n rhaid iddyn nhw ddod i'r wyneb i gael awyr. Mae'r **tyllau chwythu** ar dop eu pennau yn gweithredu fel ffroenau ac yn eu helpu i anadlu.

Mae'r **morfil sberm** crychog yn fawr a swnllyd! Mae'n bosib ei glywed e'n clician 15 km (10 milltir) i ffwrdd.

Morfil sberm

Mae trwyn enfawr y morfil sberm yn ei helpu i greu sŵn uchel.

Y MORFIL PEN BWA yw un o'r

Morfil cefngrwm

Crwb

Mae gan y **morfil cefngrwm** grwb bach o flaen ei asgell ddorsal. Dyna sut y cafodd ei enw. Mae'r gwrywod yn siarad â'i gilydd, ac yn creu miwsig i dynnu sylw'r benywod.

Mae'r morfil pen bwa yn aml yn byw am dros 200 mlynedd!

Twll chwythu

Morfil pen bwa

Mae'r morfil gwyn, araf, yn un o'r rhywogaethau lleiaf o forfilod.

Morfil gwyn

Gan y **morfil pen bwa** y mae'r geg fwyaf o unrhyw greadur byw. Yn lle dannedd, mae ganddo flew pigog sy'n rhidyllu cril i'w geg.

Dwi'n ddeifiwr dŵr dwfn! Dwi'n gallu dal fy anadl am bron ddwy awr a hanner – mwy nag unrhyw famal arall!

Morfil pig-gŵydd Cuvier

anifeiliaid sy'n BYW HIRAF.

Y morfil mawr glas

Dyma'r creadur **mwyaf** a **thrymaf** ar ein planed, a seren fawr ein moroedd! Mae wedi torri sawl record am fod yn fawr.

Mamal mawreddog

Y morfil glas yw'r anifail mwyaf ar y Ddaear erioed – mae'n **fwy** na'r **deinosoriaid**! Mae'r cawr hwn yn nofio ym mhob cefnfor, ond Cefnfor Arctig.

Mae gan y gynffon ddwy labed o'r enw 'ffliwciau'.

Mae'r ffliwciau'n symud i fyny ac i lawr, gan wthio'r morfil drwy'r môr.

Cril

30.5 m (100 tr)

Mae'r morfil hwn yn bwyta pedair tunnell fetrig o gril bob dydd!

Mae'r oedolyn yr un hyd â **SAITH CAR!**

Tyfu'n gyflym

Llo yw enw babi morfil glas. Dyma'r **babanod mwyaf** yn y byd. Maen nhw'n yfed llaeth y fam. Maen nhw'n yfed cymaint, maen nhw'n ennill pwysau sy'n cyfateb i bwysau pum plentyn bach bob dydd!

Mae'r morfil glas yn dysgu nofio ychydig funudau ar ôl cael ei eni.

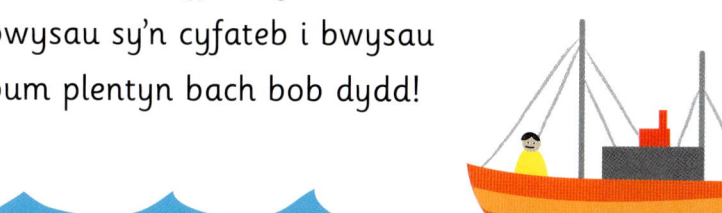

Mae'r marciau ar eu croen mor unigryw â dy olion bysedd di.

Mae'r dŵr o dwll chwythu'r morfil glas yn tasgu hyd at 9 m (30 tr) i'r awyr – yr un uchder â dau jiráff!

Mae ganddyn nhw gyrff hir, llyfn.

Mae pob llygad yr un maint â grawnffrwyth.

Ffliperi enfawr i'w helpu i symud i wahanol gyfeiriadau.

Mae'n bosib clywed ei gân filltiroedd i ffwrdd!

Mae'n pwyso 150 tunnell fetrig (165 tunnell) – bron cymaint â JYMBO JET!

Cyrn uncyrn go iawn ar werth.

Yn y gorffennol, roedd helwyr yn gwerthu ysgithrau'r môr-uncorn am arian mawr, gan esgus mai cyrn uncyrn oedden nhw.

Uncorn y môr

Morfil go iawn yw'r **môr-uncorn**, nid creadur chwedlonol. Mae ganddo ysgithr troellog ac mae'n byw yn nyfroedd rhewllyd Cefnfor Arctig.

Ysgithr

Cred arbenigwyr mai pwrpas yr ysgithr yw denu'r benywod, chwilio am fwyd ac ymladd â'i gilydd.

Dant anhygoel

Mae'r môr-uncorn gwryw yn wahanol i bob creadur môr arall, am fod ganddo ysgithr hir dros ben. **Dant enfawr** yw'r ysgithr hwn – yr unig fath â dant y môr-uncorn. Mae rhai o'r gwrywod yn tyfu dau ddant, ac mae rhai benywod yn tyfu dant bach.

Gall yr ysgithr fesur hyd at 3 m (10 tr) – tua'r un hyd â char bach!

Awyr iach
Mae'n rhaid i'r môr-uncyrn ddod i'r wyneb i anadlu – yn union fel mamaliaid eraill. Maen nhw'n gwthio'u **tyllau chwythu** drwy'r iâ, cyn plymio'n ôl i'r dŵr rhewllyd.

Gall môr-uncorn ddal ei anadl am hyd at 25 munud.

Bwydlen y môr
Mae'r môr-uncorn yn bwyta bwyd môr blasus iawn, gan gynnwys penfras yr Arctig, lleden yr Ynys Las, môr-lewys a berdys. Does ganddyn nhw ddim dannedd yn eu cegau, felly maen nhw'n llyncu'r bwyd **yn grwn**.

Penfras yr Arctig

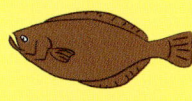
Lleden yr Ynys Las

Môr-lawes

Berdysyn

O dan yr iâ
Mae bywyd yn anodd yn yr Arctig. Dyw'r môr-uncyrn ddim yn mudo fel morfilod eraill. Yn hytrach, maen nhw'n goroesi'r gaeaf oer, hir drwy symud i ddŵr dyfnach gerllaw, a chuddio **o dan yr iâ** am fisoedd ar y tro.

Cwmni diogel
Mae'r arth wen a'r walrws yn hela'r môr-uncyrn. Felly mae'r môr-uncyrn yn nofio **mewn grwpiau** o rhwng 10 ac 20, ac weithiau hyd at 100, sy'n ei gwneud yn fwy anodd i ysglyfaethwr dargedu unigolyn.

Walrysod, morloi a morlewod

Grŵp o famaliaid sy'n byw yn y dŵr yw'r **pinnipedau**. Mae'r grŵp yn cynnwys morloi, walrysod a morlewod. Maen nhw'n symud yn lletchwith ar dir, ond yn gleidio drwy'r dŵr. Mae gan bob un haen o **fraster** o dan y croen.

Walrysod
Mae gan walrysod **ysgithrau enfawr**. Maen nhw'n eu defnyddio i lusgo'u cyrff mawr o'r dŵr ac i dorri tyllau anadlu drwy'r iâ o dan y dŵr.

Morloi
Y grŵp mwyaf o binnipedau yw'r gwir forloi, neu'r morloi **di-glust**. Mae ganddyn nhw glustiau, ond mae'r clustiau'n cuddio o dan eu croen. Mae'r morloi yma'n symud dros dir drwy wingo ar eu boliau.

Mewn dyfroedd oer mae babanod morloi'r delyn yn byw. Mae eu ffwr gwyn fflwfflyd yn eu helpu i guddio yn yr eira.

Morlewod

Yn wahanol i forloi, mae gan forlewod **glustiau allanol**. Mae gan y nofwyr chwim yma ffliperi hir i'w helpu i 'gerdded' ar dir.

Mae gan y morlew cycyllog gwryw 'gwcwll' coch yn ei drwyn sy'n gallu chwyddo fel balŵn.

Mae gan y morlo barfog wisgers sensitif, sy'n ei helpu i chwilio am brae, fel crancod, ar wely'r môr.

RHOCH! RHOCH!

Yr eliffant môr yw'r morlo mwyaf. Gall dyfu i hyd at 6 m (20 tr) – yr un hyd â siarc mawr gwyn!

Pengwiniaid chwareus

All yr adar yma **ddim hedfan**, ond maen nhw'n symud o gwmpas eu cynefin oer heb drafferth o gwbl.

Mae rhai pengwiniaid yn llithro dros yr iâ ar eu boliau.

I symud yn gyflym, gall pengwin neidio fel llamhidydd o'r dŵr.

Nofwyr cyflym
Mae pengwiniaid yn **hollol gartrefol** yn y dŵr, ac yn treulio'r rhan fwyaf o'u hamser yno. Mae llawer o bengwiniaid yn nofwyr cyflym, sy'n help mawr pan fyddan nhw'n hela am fwyd, fel y môr-lewys.

Corff llyfn sy'n helpu'r pengwin i gleidio wrth nofio.

Môr-lawes

O na!

Maen nhw'n defnyddio'u ffliperi stiff i lywio.

Cadw'n gynnes

Mae'r pengwiniaid ymerodrol yn dod i'r lan pan fyddan nhw'n barod i **ddodwy wyau** a magu'r cywion. Mae'r gwrywod yn cadw'r wyau'n gynnes, ac yn eu gwarchod â'u cyrff pluog, nes iddyn nhw ddeor.

Ar ôl deor, mae cywion y pengwiniaid ymerodrol yn swatio gyda'i gilydd mewn grwpiau, wrth i'r rhieni fynd i ddal bwyd.

Traed gweog yn gwthio'r pengwin yn gyflym drwy'r dŵr.

Fydd neb yn sylwi arna i yn fy ngwisg ffansi!

Cuddliwiau

Mae eu plu du a gwyn yn eu **cuddio** rhag gelyn. O'r awyr, mae'r cefn a'r corff du yn edrych yr un lliw â'r môr, a phan fydd gelyn yn nofio oddi tanyn nhw, mae'r bol gwyn yn edrych fel y tonnau disglair ar wyneb y môr.

Adar môr ardderchog

Mae adar môr yn hedfan allan i'r môr ac yn **llygadu'r tonnau** islaw. Mae rhai'n hela drwy hedfan yn isel dros wyneb y môr, a rhai'n plymio'n ddwfn o dan y tonnau i chwilio am fwyd.

Dwi'n byw mewn grŵp o'r enw 'nythfa'.

Cadw'n ddiogel

Mae gan adar môr **nodweddion arbennig** sy'n eu helpu i oroesi ar y môr. Mae ganddyn nhw chwarennau sy'n hidlo halen o'r dŵr, a thraed gweog ar gyfer padlo. Mae gan rai adenydd o siâp arbennig sy'n eu helpu i nofio, ac mae gan eraill adenydd llydan ar gyfer hedfan yn bell.

Gwylan big-coch

Mae'r wylan hon yn byw mewn **nythfa fawr** ger y môr. Mae'n bwyta pysgod, crancod, a hyd yn oed sborion bwyd!

Eryr môr gynffon-wen

Gall yr aderyn hwn blymio i lawr a dal pysgodyn yn ei **grafangau miniog**. Mae lled ei adenydd yn fwy na thaldra rhai pobl!

Môr-wennol y Gogledd

Gall môr-wennol y Gogledd hedfan yn bellach nag unrhyw aderyn arall. Bob blwyddyn mae'r aderyn bach hwn yn hedfan o'i fagwrfa yn yr **Arctig** i **Antarctica**, lle mae'n bwydo dros yr haf.

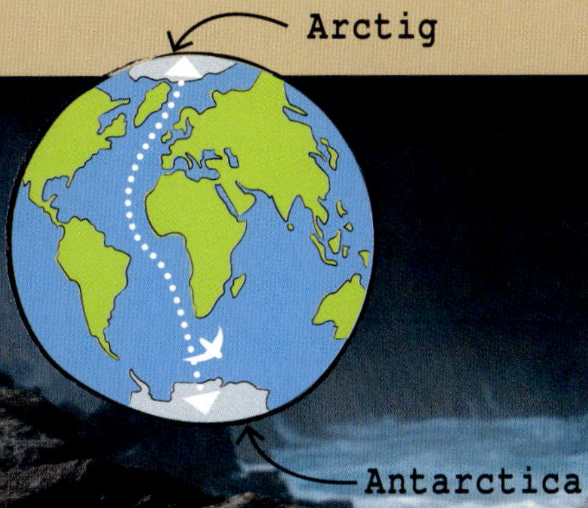

Arctig

Antarctica

Roedd llongwyr yn credu bod albatros yn dod â lwc.

Albatros

Yr albatros crwydrol yw'r aderyn môr mwyaf. Mae'n gleidio dros y môr ac yn **dilyn llongau** i chwilio am fwyd.

Croeso, albatros!

Pelican brown

Mae'r pelican yn deifio ac yn casglu pysgod a dŵr **yn ei big**. Yna mae'n poeri'r dŵr allan ac yn bwyta'r pysgod.

Cynefinoedd y môr

Mae **amrywiaeth mawr o gynefinoedd** yn y môr. Neidia i'r tonnau cynnes trofannol, a gwthia fys dy droed i ddyfroedd rhewllyd y pegynau. Rhyfedda at y riffiau cwrel lliwgar, y coedwigoedd gwymon tywyll, a'r mangrofau corslyd, wrth i ni fynd ar daith hudol drwy ein moroedd mawreddog.

Glannau môr

Gwylan big-coch

Mae'r gwynt a'r tonnau'n taro ein traethau, a'r llanw'n eu sgubo. Rhaid i blanhigion ac anifeiliaid allu goroesi'r amodau **heriol** hyn.

Pioden y môr

Pibydd coch

Gwichiaid moch

Cregyn llong

Cregyn gleision

Llygaid meheryn

Rydyn ni'n treulio hanner ein hamser allan o'r dŵr.

Pa fath o draeth?
Mae pedwar prif fath o draeth:

Tywodlyd

Mae llawer o draethau wedi'u gorchuddio â gronynnau tywod.

Caregog

Cerrig mân a graean sydd ar rai traethau.

Mwdlyd

Mae mwd a chlai ar yr arfordiroedd mwdlyd.

Creigiog

Mae creigiau uchel o gwmpas rhai arfordiroedd.

Mae'r cranc gwahadden yn turio i'r tywod wysg ei gefn, gan gadw'i lygaid ar y môr i chwilio am fwyd.

Barod i balu?

Pan fydd y llanw'n mynd allan, mae'n gadael pyllau bach o ddŵr ar y creigiau. Mae rhai creaduriaid yn byw yn y pyllau yma.

Gwlyb a sych

Y **parth rhynglanwol** yw'r darn o draeth rhwng llanw uchel a llanw isel. Pan fydd y llanw'n uchel, mae'r môr yn gorchuddio'r parth hwn. Pan fydd y llanw'n isel, mae'n sych mwy neu lai. Mae'n rhaid i'r creaduriaid sy'n byw yma ddygymod ag amodau gwlyb a sych. Mae'r **parth sblash** y tu draw i'r parth llanw uchel. Pan fydd hi'n stormus, gall gwyntoedd cryfion a thonnau gwyllt ei daro.

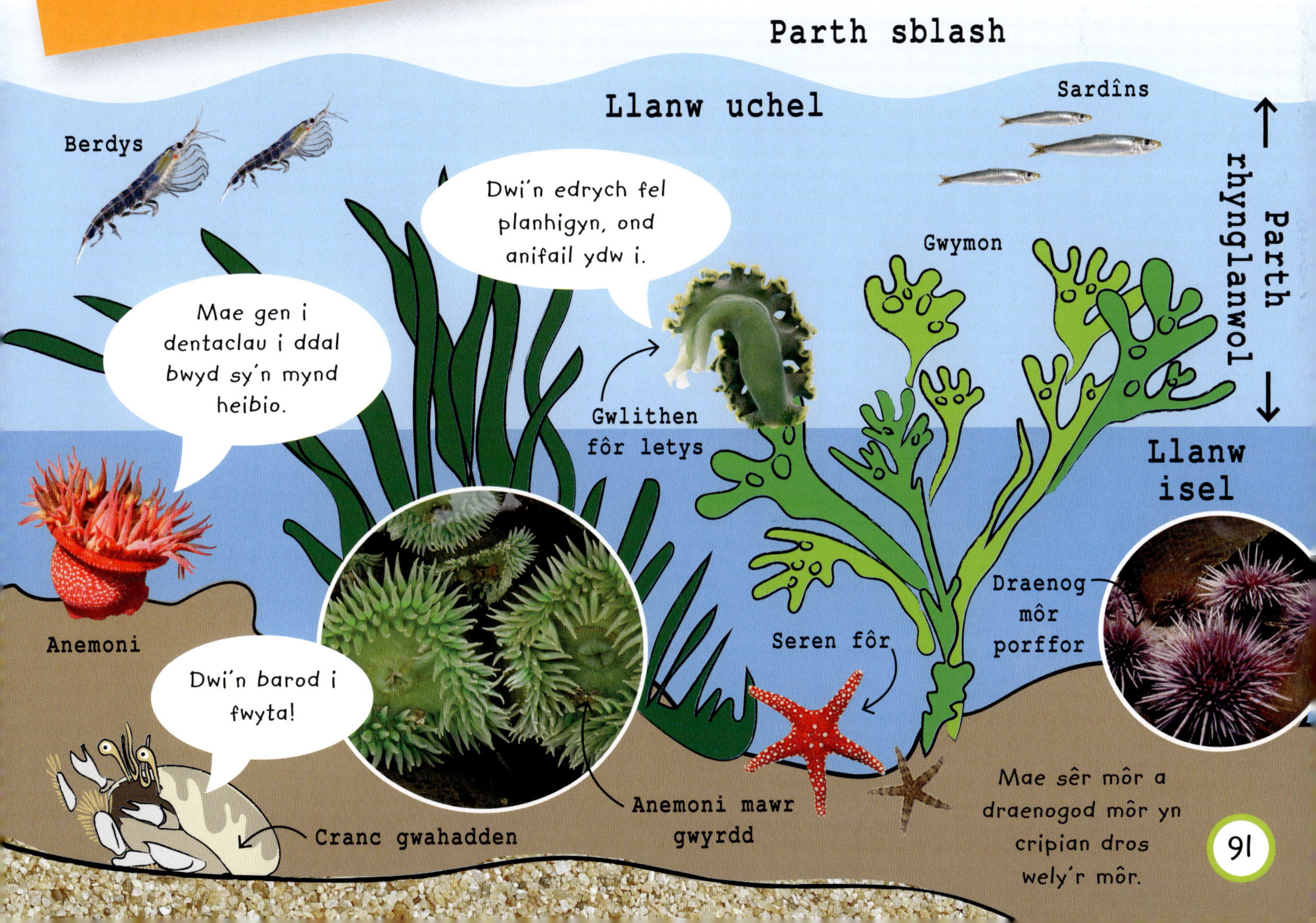

Parth sblash

Llanw uchel

Berdys

Sardîns

Dwi'n edrych fel planhigyn, ond anifail ydw i.

Gwymon

Mae gen i dentaclau i ddal bwyd sy'n mynd heibio.

Gwlithen fôr letys

Parth rhynglanwol

Llanw isel

Anemoni

Draenog môr porffor

Seren fôr

Dwi'n barod i fwyta!

Cranc gwahadden

Anemoni mawr gwyrdd

Mae sêr môr a draenogod môr yn cripian dros wely'r môr.

91

Cynefinoedd yr arfordir

Er eu bod yn edrych mor dawel, mae rhai o gynefinoedd **prysuraf** y byd ar yr arfordir.

Aberoedd
Lle gwlyb yw aber. Yno mae afon yn dod i ddiwedd ei thaith ac yn cwrdd â'r môr. Yn yr aber mae dŵr croyw'r afon yn cymysgu â dŵr hallt y môr.

Fflatiau llaid
Darnau mawr o **dir fflat, mwdlyd** yw'r fflatiau llaid. Ar lanw uchel, maen nhw o'r golwg o dan y môr. Pan mae'r môr ar drai, mae'n gadael mwd a gronynnau bach o'r afonydd a'r moroedd ar y fflatiau.out.

> Ar ôl i'r môr fynd allan, gall y mwd arogli o wyau drwg! Bacteria yn y mwd sy'n achosi'r arogl.

Morfeydd heli

Darn o dir sydd weithiau wedi ei orchuddio gan ddŵr hallt yw morfa heli. Gall **fflatiau llaid** droi'n forfeydd heli. Yn y mannau lle mae'r llanw'n methu golchi'r pridd i ffwrdd, gall planhigion dyfu. Mae'r planhigion hyn yn dal y pridd yn ei le, ac yn caniatáu i ragor o blanhigion wreiddio.

Mae'r planhigion a'r glaswellt tal yn guddfannau braf i greaduriaid bach.

Lindys morfa heli

Malwen glust-lygoden

Mae llawer o fwydod, pryfed, malwod a berdys yn byw yn y morfeydd heli. Maen nhw'n denu pysgod llwglyd ac adar.

Pibydd coesgoch

Lagwnau

Pyllau o ddŵr bas, wedi eu gwahanu o'r môr gan riffiau o ynysoedd neu fanciau tywod, yw lagwnau. Maen nhw'n **dawel ac unig**, heb lanw na cherrynt.

Mangrofau

Coed a llwyni sy'n tyfu ar hyd glannau moroedd cynnes, trofannol yw mangrofau. Maen nhw'n creu **fforestydd mangrof** prydferth sy'n rhannol dan y dŵr. Mae llawer o greaduriaid yn byw ac yn hela rhwng canghennau a gwreiddiau'r coed mangrof.

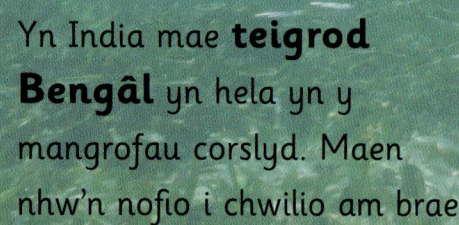

Yn India mae **teigrod Bengâl** yn hela yn y mangrofau corslyd. Maen nhw'n nofio i chwilio am brae.

Byw ar y lan y mae **crancod llygatgoch**. Mae gan bob gwryw un grafanc fawr sy'n ei helpu i amddiffyn ei diriogaeth.

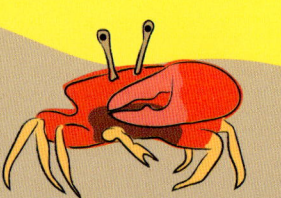

Pan fydd y llanw'n uchel, mae **crocodilod dŵr hallt** yn nofio drwy ddyfroedd cynnes y mangrofau i chwilio am fwyd.

Mae llawer o anifeiliaid

Pysgotwr adain-frown

Mae'r pridd yn y corsydd mangrof yn drwchus a heb aer. Mae rhai o'r coed mangrof yn tyfu gwreiddiau uwchben y ddaear, sy'n eu helpu i gael ocsigen o'r awyr.

Pysgod sy'n byw mewn tyllau yn y mwd yw'r **neidwyr mwd**. Maen nhw'n sgipio dros y mwd, drwy ddefnyddio'u hesgyll.

Mae **pysgod saethwyr** yn chwistrellu dŵr at y pryfed sy'n gorffwys ar y dail mangrof. Maen nhw'n taro'r pryfed i'r dŵr ac yna'n eu bwyta.

yn dibynnu ar y mangrofau am FWYD a CHYSGOD.

95

Dolydd morwellt

Pan wyt ti'n meddwl am ddôl, mwy na thebyg dy fod ti'n meddwl am gae gwyrdd ar dir. Ond mae yna hefyd gaeau mawr o **laswellt tanddwr**. 'Dolydd morwellt' yw enw'r caeau hyn, ac mae llawer o anifeiliaid anhygoel yn byw yno.

Gerddi heulog

Mae angen **llawer iawn o olau** ar y dolydd morwellt. Maen nhw'n tyfu ar yr arfordir, lle dyw'r dŵr ddim yn rhy ddwfn, a lle mae'n haws i olau'r haul gyrraedd y glaswellt.

Mae gan rai morwellt ddail hir, main – fel sbageti! Dail byr, tew sydd gan eraill.

↶ Haigwellt

Sêrwellt

Morfarch cyffredin ↘

Cydia'n dynn!

Defnyddia'r morfarch ei gynffon i **gydio'n dynn** yn y morwellt, rhag ofn i'r môr ei sgubo i ffwrdd.

Morwellt gofalus

Mae morwellt yn helpu i gadw'r môr yn **lân**. Maen nhw'n hidlo'r dŵr o'u cwmpas, ac yn cadw gwely'r môr rhag cael ei olchi i ffwrdd gan y ceryntau.

Môr-fuchod yw'r UNIG famaliaid morol, sy'n LLYSFWYTAWYR.

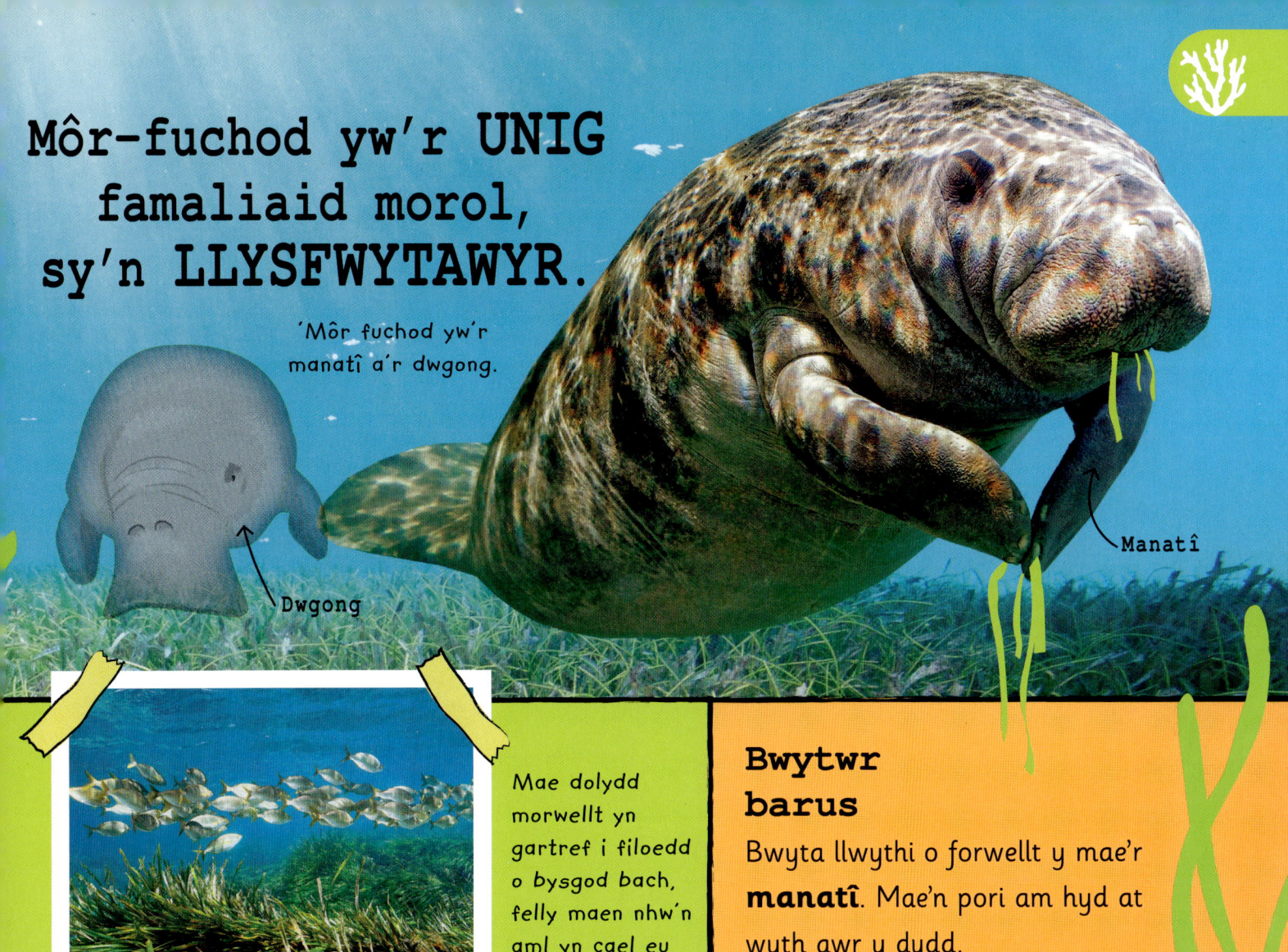

'Môr fuchod yw'r manatî a'r dwgong.

Dwgong

Manatî

Mae dolydd morwellt yn gartref i filoedd o bysgod bach, felly maen nhw'n aml yn cael eu galw'n 'feiththrinfeydd'.

Bwytwr barus

Bwyta llwythi o forwellt y mae'r **manatî**. Mae'n pori am hyd at wyth awr y dydd.

Blodau gwych

Edrycha morwellt dipyn bach fel gwymon, ond maen nhw'n fwy tebyg i blanhigion sy'n tyfu ar dir. Mae ganddyn nhw hadau, ffrwythau a phaill. Mae'n anodd cael cyfle i weld y blodau, achos dydyn nhw ddim yn blodeuo am hir.

Morwellt Môr y Canoldir →

Pib-bysgodyn mawr

Ble ydw i?

Mae'r pib-bysgodyn hir, tenau yr un maint â siâp â rhai o'r morwellt, felly gall **ymguddio** rhag ysglyfaethwyr.

Fforestydd môr-wiail

Mae math arbennig o **wymon** o'r enw 'môr-wiail' yn tyfu ar draws y byd, mewn dyfroedd arfordirol bas a gweddol oer. Wrth dyfu'n drwchus, maen creu fforestydd tanddwr trawiadol, sy'n cynnig lloches i lawer o greaduriaid y môr.

Y môr-wiail mawr yw'r gwymon mwyaf yn y byd. Gall gyrraedd taldra o 45 m (148 tr) sef taldra adeilad pedwar-llawr!

Tyfa ffrondau tebyg i ddail o'r goes.

Ffrond

Bwlb

Mae bylbiau llawn aer yn helpu'r môr-wiail i arnofio.

Morfarch

Siarc llewpard

Gall môr-wiail dyfu dros hanner metr mewn diwrnod – tua hyd babi!

Coes
Dyma foncyff y môr-wiail.

Gludafael
Mae gwreiddiau gludafael yn ei angori i'r creigiau ar wely'r môr.

Defnyddia **draenogod môr** y dannedd miniog o dan eu cyrff i gnoi gwreiddiau'r môr-wiail. Mae dyfrgwn yn gwarchod y môr-wiail, drwy fwyta'r draenogod môr.

Draenogod môr porffor

Morlew

Sleifia **morlewod** drwy'r môr-wiail trwchus i chwilio am bysgod i'w bwyta.

Mae **dyfrgwn môr** yn gorffwys drwy lapio'u hunain yn y ffrondau ac arnofio ar wyneb y dŵr. Mae'r môr-wiail yn eu cadw rhag drifftio i ffwrdd.

Dyfrgwn môr

Anemoni môr

99

Riffiau cwrel

Mae yna riffiau cwrel mewn moroedd trofannol ar draws y byd. Mae'r **cynefinoedd** lliwgar, tanddwr hyn yn llawn bywyd. I mewn â ni!

Dwi'n gweld holl liwiau'r enfys i lawr fan hyn!

Creu cwrel
Mae'r riffiau cwrel wedi eu gwneud o greaduriaid bach, bach o'r enw 'polypiaid'. Mae miloedd yn byw gyda'i gilydd, gan greu **ffurfiannau** mawr, caled o'r enw 'cwrelau'.

Pentwr polypiaid
Creaduriaid morol bach iawn, â chregyn caled, yw'r **polypiaid**. Ar ôl marw, mae eu sgerbydau'n ffurfio pentyrrau.

Cwrel ffan y Môr Coch

Cwrel meddal

Chwip fôr

Cwrel seren fawr

Y BARRIFF MAWR yw'r

Mae'n bosib gweld y Barriff Mawr o'r GOFOD!

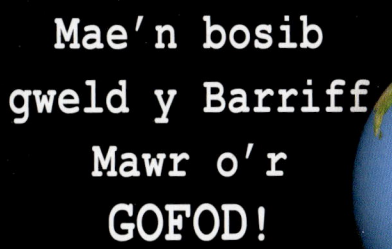

Riff rhyfeddol

Mae'r Barriff Mawr yn enfawr! Mae'n cynnwys dros **3,000 o riffiau cwrel**, ac yn ymestyn am filoedd o filltiroedd ar draws y Môr Cwrel, ger arfordir gogledd-ddwyrain Awstralia.

Ymwelwyr tanddwr

Mae deddfau'n rheoli lle gall twristiaid ddeifio, hwylio a physgota, i wneud yn siŵr na fydd y riffiau cwrel yn cael **rhagor o niwed**.

Mae'r riff allanol yn lle perffaith i sgwba-ddeifio. Mae'n ddyfnach na'r riff mewnol ac mae'r pysgod yn fwy.

Mae tua 600 rhywogaeth o gwrel lliwgar yn y Barriff Mawr.

Cwrel corn carw

Cwrel gorgonaidd

Cwrel ymennydd

Mae'r riff mewnol yn gysgodol a bas.

RIFF MWYAF YN Y BYD.

Bywyd y riff cwrel

Mae riffiau cwrel yn gorchuddio llai nag un canran o'r moroedd, ond maen nhw'n cynnig cysgod a diogelwch i **25 y cant** o fywyd gwyllt y môr! Dewch i ni gwrdd â'r creaduriaid sy'n byw yn y byd creigiog, lliwgar hwn.

← Môr-fuwch

Mae gwyddonwyr yn amcangyfrif bod o leiaf un filiwn o wahanol rywogaethau o anifeiliaid yn byw ar riffiau cwrel.

Mursen fôr

Lle prysur

Mae riffiau cwrel yn **llawn bywyd**. Mae môr-fuchod a dolffiniaid yn nofio heibio'r siarcod slei, y morgathod prysur, a heigiau disglair o bysgod. Ar wely'r môr, mae nadroedd môr yn llygadu eu prae, a theuluoedd o bysgod yn llowcio darnau o gwrel.

Pysgodyn clown sgync pinc

Neidr fôr

Seren bluen

Anemoni môr

Llyngyren fflat

Seren frau

Pysgodyn clown

'COEDWIGOEDD GLAW'R moroedd' – dyna maen

102

Riffiau naturiol

Dyw pob riff ddim wedi ei wneud o gwrel. Mae gwahanol fathau ar draws y byd. Mae rhai o'r **rhwystrau tanddwr** naturiol yma wedi eu ffurfio o greigiau neu hyd yn oed greaduriaid y môr.

Riffiau creigiog

Gall creigiau o dan y dŵr fod yn lloches i fywyd gwyllt. Mae gwymon ac anemonïau môr yn glynu wrth y graig, a physgod yn swatio yn y **craciau** a'r **tyllau** sy'n cael eu creu gan y **tonnau**.

Riffiau wystrys

Glyna wystrys yn dynn wrth bethau caled, ac wrth ei gilydd, gan greu riff. Mae riffiau wystrys yn rhoi lloches i greaduriaid y môr, yn glanhau'r môr, ac yn amddiffyn rhag **erydiad** gan stormydd a thonnau.

Wystrysen

Beth yw riff?

Cefnen ar wyneb, neu yn agos i **wyneb** y môr, yw riff. Dena riffiau lawer o greaduriaid morol, sy'n chwilio am fwyd a lloches.

Riffiau serpwlaidd

Daw tiwblyngyr serpwlaidd at ei gilydd i ffurfio nythod. Mae eu riff yn edrych fel **llwyn** mawr yn y môr, a daw creaduriaid draw i'w archwilio.

Tiwblyngyren serpwlaidd

Riffiau cregyn fflam

Cragen gylchog oren, lachar yw'r gragen fflam. Mae'n **adeiladu nythod** o gregyn a cherrig, ac mae cannoedd o nythod yn uno i wneud riff trwchus ar wely'r môr.

Cragen fflam

Riffiau artiffisial

Gall riffiau fod yn artiffisial, sy'n golygu mai **pobl sydd wedi eu creu**. Rydyn ni wedi bod yn adeiladu riffiau ers miloedd o flynyddoedd!

Pam creu riffiau artiffisial?

Mae riffiau'n gweithredu fel **rhwystrau diogelwch** i warchod yr arfordir rhag stormydd ac erydiad. Hefyd, gallan nhw fod yn gynefinoedd ardderchog i fywyd gwyllt.

Dynion sy'n creu'r adeiladwaith ar gyfer y riffiau hyn.

Peli riffiau

Caiff peli riffiau concrit, llawn tyllau, eu gollwng i'r môr i greu cartrefi i'r bywyd gwyllt. Mae pysgod a chreaduriaid eraill wrth eu bodd yn **chwarae** yno.

Riffiau syrffio

Yng Nghalifffornia, UDA, ac mewn rhannau o Awstralia, ae adeiladwaith tanddwr yn **creu tonnau**. Cafodd y riffiau artiffisial yma eu cynllunio i greu'r tonnau gorau ar gyfer syrffwyr.

Llongau wedi suddo

Mae hen longau yn creu riffiau gwych. Daeth yr *USS Spiegel Grove* yn riff artiffisial fwya'r byd, pan suddwyd hi ger Florida Keys, UDA, yn 2002. Mae'r riff yn denu deifwyr a **bywyd gwyllt y môr**, gan gynnwys heigiau o bysgod trofannol. O dipyn i beth bydd cwrelau naturiol yn gorchuddio'r llong.

USS Spiegel Grove

Cwrel yn tyfu dros hen jîp ger Ynys Malapascua, Cebu, Philipinau.

Mae teiars lorïau yn helpu i gyfoethogi a thrwsio riffiau ger Ynys Malapascua.

Dyfroedd rhewllyd

Yr Arctig ac Antarctica yw'r **mannau oeraf** ar y Ddaear ac mae'r môr o'u cwmpas yn rhewllyd hefyd. Mae'r dyfroedd mor oer, gall iâ ffurfio.

Mae'r moroedd oeraf yn bell o'r Cyhydedd.

Rydyn ni'n gafael yn yr iâ â'n crafangau miniog.

Iâ môr
Pan fydd dŵr y môr yn rhewi, mae'n cael ei alw'n 'iâ môr'. Gall **haen drwchus o iâ** ffurfio ar wyneb y môr. Weithiau mae'r iâ mor drwchus, gall anifeiliaid gerdded arno.

Silffoedd iâ
Pan fydd dŵr croyw'n rhewi, mae'n ffurfio 'iâ rhewlifol'. Mae'r iâ hwn yn ffurfio ar dir a gall dyfu nes cyrraedd yr arfordir. Pan fydd yr iâ'n ymwthio **dros y dŵr**, mae'n troi'n 'silff iâ'.

Mae Silff Iâ Ward Hunt yng Nghanada yn filoedd o flynyddoedd oed. Dyma'r silff iâ fwyaf yn yr Arctig.

Silff Iâ Ross yw'r SILFF IÂ FWYAF yn Antarctica.

Gwylia! Dim ond copa'r mynydd yw hwnna!

Mynyddoedd iâ

Gall darnau enfawr o iâ ddisgyn o silff iâ a nofio i ffwrdd ar y ceryntau. 'Mynyddoedd iâ' yw enw'r **blociau hyn**. Mae'r rhan fwyaf o'r mynydd iâ o'r golwg o dan y dŵr.

Rhaid i longau osgoi taro'n erbyn y mynyddoedd iâ.

Mynydd iâ gwastad

Mathau o fynyddoedd iâ

Mae yna fynyddoedd iâ **o bob lliw a llun**. Mae gan rai ochrau serth a chopa gwastad, ac mae gan eraill ochrau llethrog, a chopa crwm.

Mynydd iâ lletem

Mynydd iâ B-15A yw'r mwyaf a recordiwyd erioed. Pan dorrodd yn rhydd o Silff Iâ Ross yn 2000, roedd yn fwy o faint na Jamaica. Erbyn hyn, mae wedi torri'n ddarnau llai.

Mynydd iâ pinacl

Rydyn ni'n hoffi cysgu ar iâ sy'n arnofio.

Bwa iâ

Gall MYNYDD IÂ fod mor fawr â GWLAD fach!

Dyfroedd yr Arctig

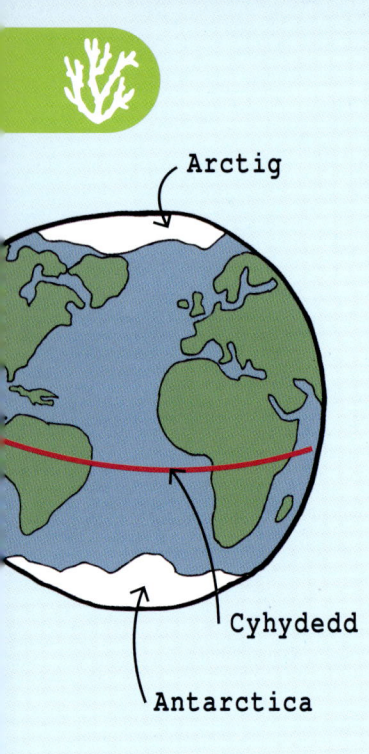

Arctig
Cyhydedd
Antarctica

Mae'r Cefnfor Arctig ar gopa'r byd, o gwmpas Pegwn y Gogledd. Gan fod y gwyntoedd yn rhewllyd a'r tymheredd yn isel iawn, mae'r anifeiliaid sy'n byw yno wedi gorfod **ymaddasu**.

Mae gan yr **arth wen** haen dew o fraster dros ei chorff, a blew gwrth-ddŵr sy'n ei chadw'n gynnes pan fydd hi'n nofio yng nghefnfor oer yr Arctig. Yn y gaeaf, mae'r arth yn hela morloi ar yr iâ.

Morfil pegynol â dant hir siâp ysgithr yw'r **môr-uncorn**. Mae ganddo haen dew o fraster o dan ei groen i'w gadw'n gynnes.

Mae'r Arctig yn OER, ond mae'r tymheredd yno'n CODI'n raddol.

Enw arall am yr **orca** danheddog yw **morfil ffyrnig**, er mai aelod o deulu'r dolffiniaid yw e go iawn. Mae orcas yn byw mewn sawl cefnfor, ond wrth i'r iâ doddi, mae mwy ohonyn nhw'n nofio i'r Arctig.

Wrth i'r tymheredd godi, mae'r iâ lle mae'r anifeiliaid yn teithio ac yn hela, yn diflannu.

Mae gan **forlo'r delyn** haen o fraster o dan ei groen i'w gadw'n gynnes, 'run fath â'r môr-uncorn. Mae ganddo ffliperi a blew llyfn i'w helpu i nofio'n gyflym a hela yn y dyfroedd oer.

Dyfroedd Antarctica

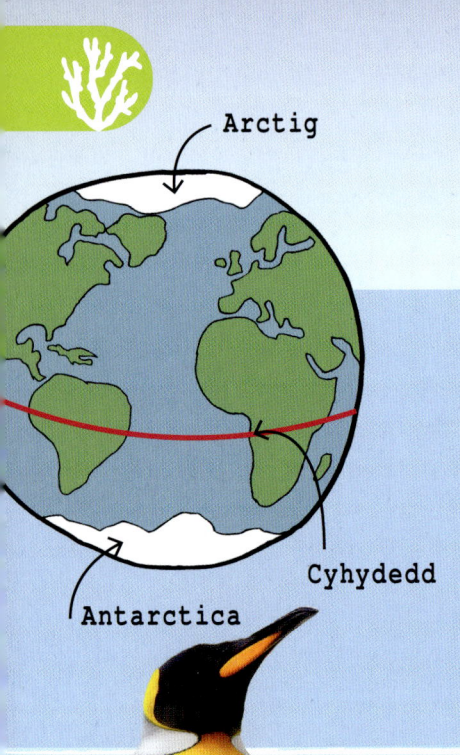
Arctig
Cyhydedd
Antarctica

Ardal oer iawn ar waelod ein planed yw Antarctica. Ond mae'n llawn o **anifeiliaid unigryw** sy'n gallu goroesi yn yr oerfel dychrynllyd.

Pengwin ymerodrol

Dim ond dwy rywogaeth o bengwin sy'n treulio'u bywyd cyfan yn Antarctica. Y **pengwin ymerodrol** yw'r mwyaf yn y byd, ond mae **pengwin Adélie** yn un o'r lleiaf.

Pengwin Adélie

Pedryn Antarctica

Un o ychydig adar brodorol Antarctica yw **pedryn Antarctica**. Mae rhywogaethau eraill yn mynd a dod drwy'r flwyddyn.

Dyfroedd Antarctica yw cartref **cril Antarctica**. Mae llawer o anifeiliaid pegynol, gan gynnwys morfilod a morloi, yn bwydo ar y creaduriaid bach hyn.

Mae gan **bysgod rhew** 'wrthrewydd' yn eu gwaed, sy'n eu hatal rhag rhewi yn y dŵr oer. Hefyd mae eu gwaed yn wyn, yn hytrach na choch, fel gwaed y rhan fwyaf o anifeiliaid eraill.

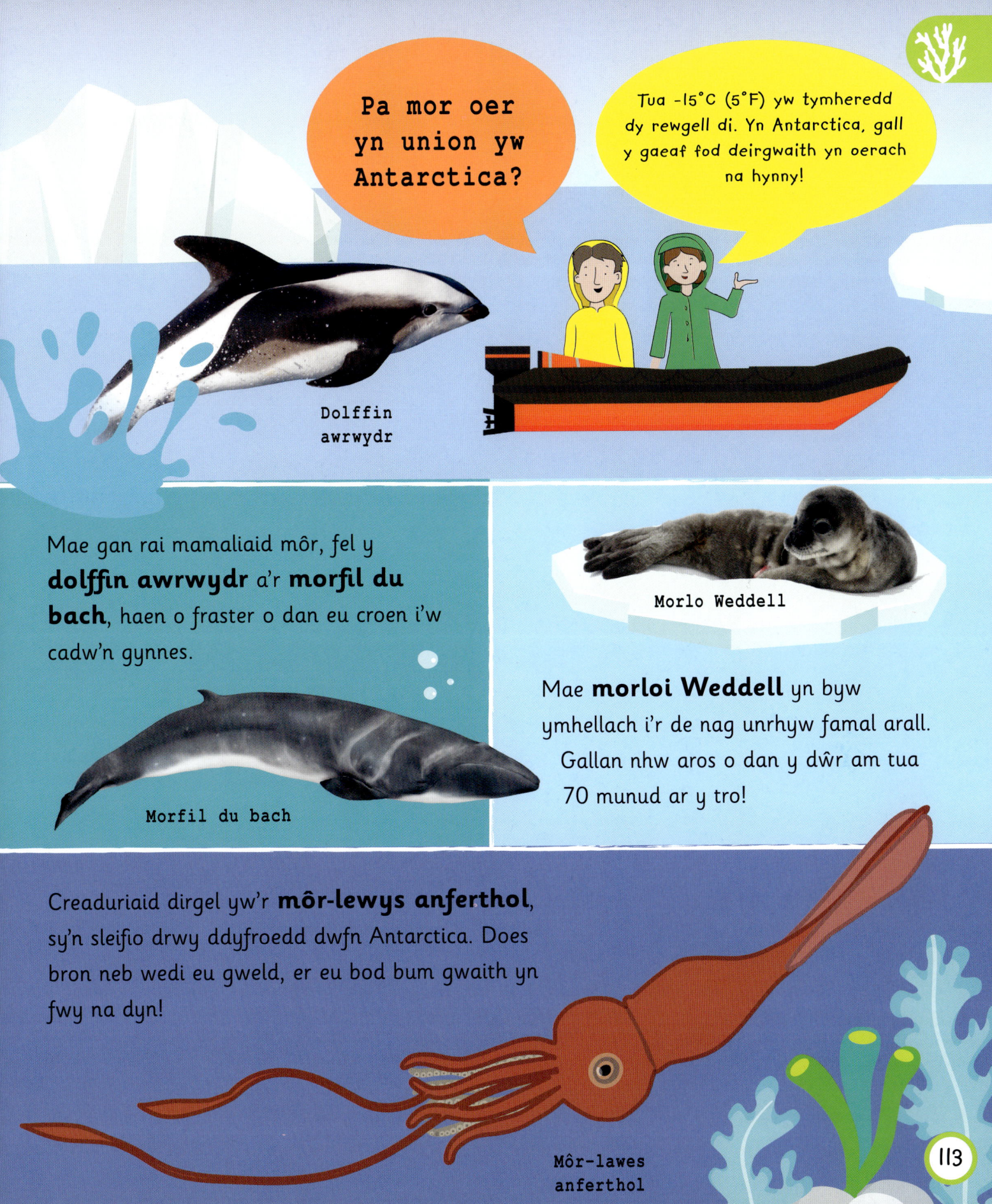

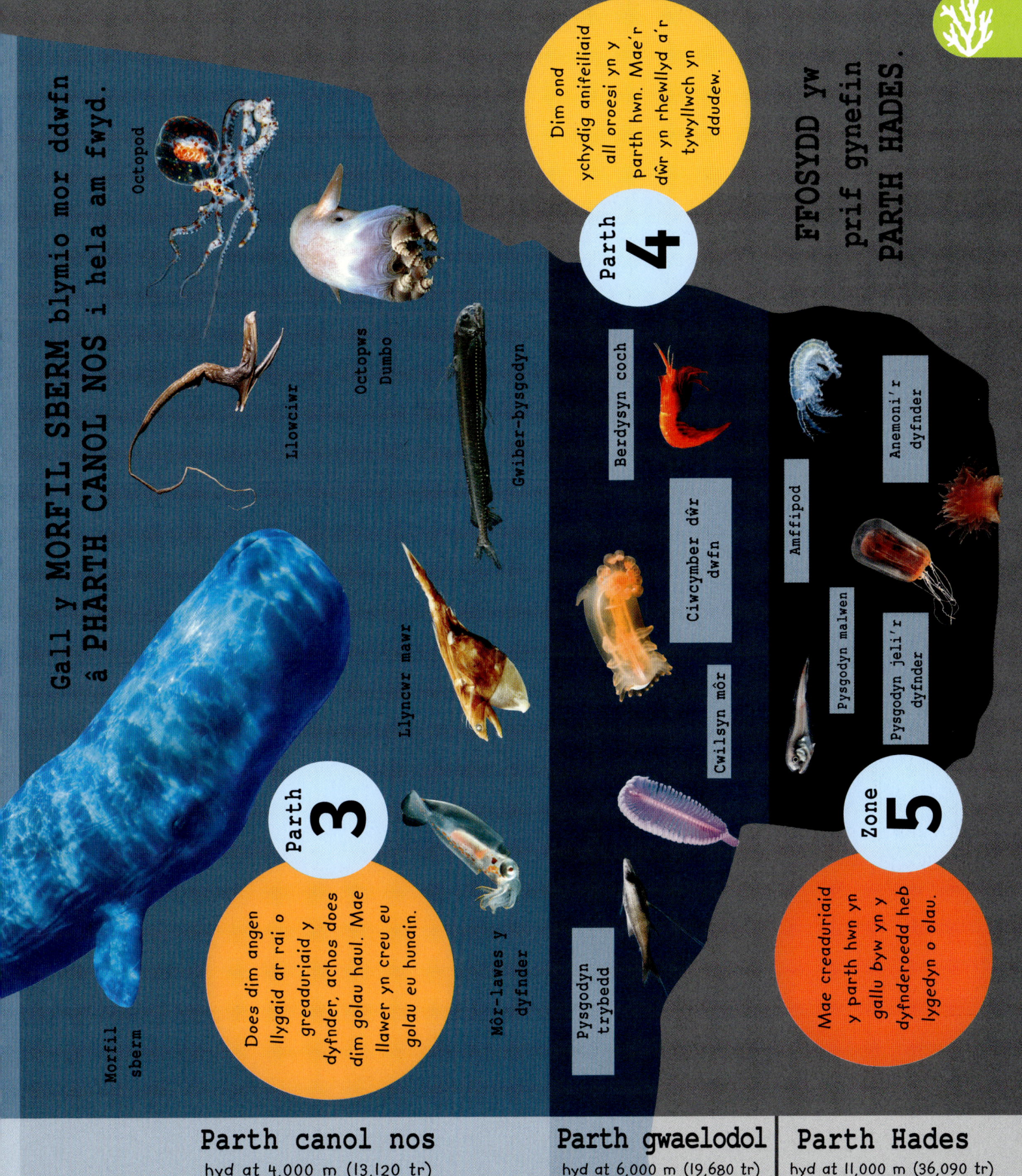

Y parth heulog

Yn y dyfroedd agored, o dan yr wyneb, mae **haen uchaf** y môr. Croeso i'r parth heulog.

Yn yr haul
Mae **golau'r haul** yn cynhesu wyneb y môr agored. Mae planhigion, algâu a phlancton yn cael egni o'r Haul – dyna pam mae'r parth hwn yn llawn bywyd!

Mae'r **siarc morfilaidd** yn nofio â'i geg ar agor i chwilio am fwyd.

Mae **crwbanod y môr** yn hela pysgod jeli.

Mae'r rhan fwyaf o ANIFEILIAID Y MÔR yn byw yn y PARTH HEULOG.

Mae **gwymon sargaso** yn arnofio'n agos i'r wyneb mewn clystyrau mawr, gan roi bwyd a lloches i grancod a physgod.

← Plancton

Mae'r **mulfrain llwyd** yn plymio i'r dŵr ac yn dal pysgod yn eu pigau.

Adar môr mawr yw'r mulfrain llwyd.

Mae **pysgod yr haul** yn torheulo! Maen nhw'n arnofio ar eu hochrau yn agos i'r wyneb. Mae'r haul yn eu cynhesu, yna maen nhw'n plymio'n ddyfnach i chwilio am fwyd.

Mae **brwyniaid** yn nofio ac yn bwydo mewn grŵp. Drwy weithio fel tîm maen nhw'n gallu osgoi ysglyfaethwyr.

117

Y parth llwydolau

Does dim llawer o olau haul yn cyrraedd y parth **llwydaidd**, **tywyll hwn**, ond mae'n llawn bywyd, serch hynny.

Mae'n glawio bwyd!
Beth yw **eira môr**? Plancton marw a baw pysgod sy'n disgyn yn araf o'r parth heulog. Mae'n ffynhonnell bwysig o fwyd i greaduriaid y parth llwydolau.

Eira môr

Yn lle hela, mae'r **blob-bysgodyn** yn swatio'n dawel ac yn dal crancod bach a draenogod môr sy'n dod yn rhy agos.

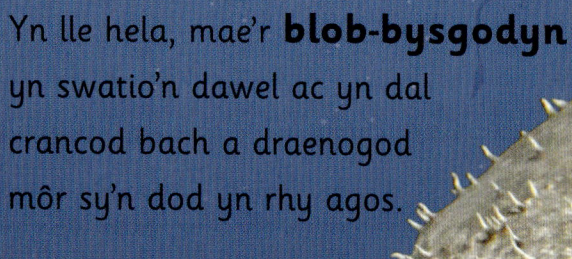

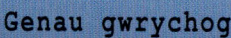
Genau gwrychog

Mae'n bosib bod TRILIYNAU o eneuau gwrychog yn byw yn y parth llwydolau. Os felly, dyna'r GRŴP MWYAF o fertebratau yn y byd!

118

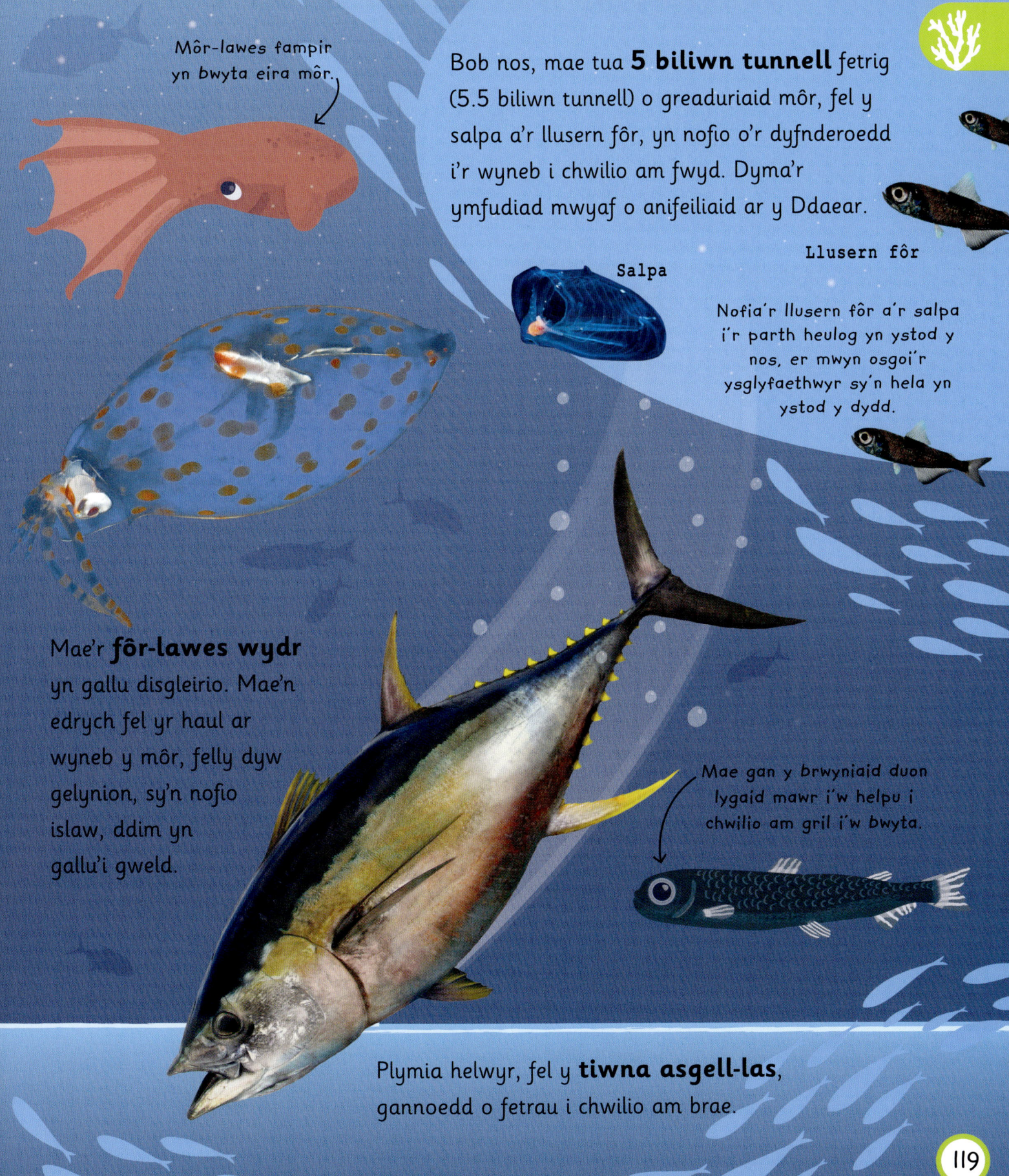

Môr-lawes fampir yn bwyta eira môr.

Bob nos, mae tua **5 biliwn tunnell** fetrig (5.5 biliwn tunnell) o greaduriaid môr, fel y salpa a'r llusern fôr, yn nofio o'r dyfnderoedd i'r wyneb i chwilio am fwyd. Dyma'r ymfudiad mwyaf o anifeiliaid ar y Ddaear.

Salpa

Llusern fôr

Nofia'r llusern fôr a'r salpa i'r parth heulog yn ystod y nos, er mwyn osgoi'r ysglyfaethwyr sy'n hela yn ystod y dydd.

Mae'r **fôr-lawes wydr** yn gallu disgleirio. Mae'n edrych fel yr haul ar wyneb y môr, felly dyw gelynion, sy'n nofio islaw, ddim yn gallu'i gweld.

Mae gan y brwyniaid duon lygaid mawr i'w helpu i chwilio am gril i'w bwyta.

Plymia helwyr, fel y **tiwna asgell-las**, gannoedd o fetrau i chwilio am brae.

Parth canol nos

O dan y parth llwydolau mae parth canol nos. Does **dim golau haul** yn cyrraedd yma, ac mae'n oer iawn.

Dan bwysau

Mae'r dŵr uwch eu pennau yn **gwasgu ar** greaduriaid y parthau isaf. Does gan lawer o'r creaduriaid ddim esgyrn, achos gallai'r pwysau eu malu.

Mae rhai creaduriaid wedi dod i arfer â'r pwysau. Heb y pwysau fydden nhw ddim yn gallu cadw eu siâp. Tuedda'r **octopws Dumbo** grebachu fel crempogen o dan ei godi i wyneb y.

Drwy fod yn debyg i jeli, mae anifeiliaid yn arbed ynni, achos gallan nhw arnofio yn lle nofio.

Mae gan bysgod y parth hwn GEMEGION yn eu cyrff sy'n eu helpu i wrthsefyll GWASGEDD eithafol y dŵr.

Am fod y dŵr mor dywyll, dibynna **morfilbysgod** ar linell sensitif ar eu cyrff i synhwyro prae.

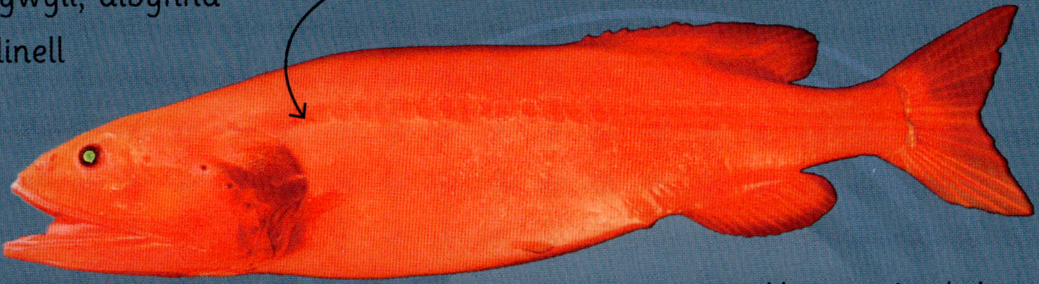

Llinell sensitif

Mae gan fwydod bomio godennau disglair. Maen nhw'n gollwng y codennau i dynnu sylw'r gelyn a chael cyfle i ddianc.

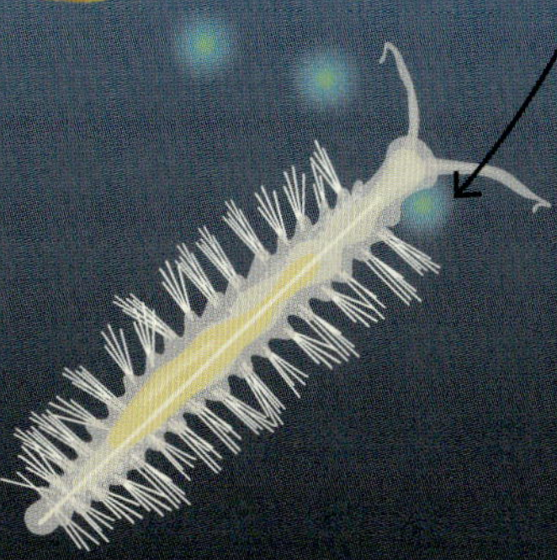

Gall y **llyncwyr mawr** lyncu anifeiliaid ddwywaith eu maint, am fod eu stumogau'n ymestyn.

Stumog yn ymestyn

Mae'r **genau-llac stopolau** yn creu ei olau ei hun. Mae ganddo smotiau disglair ger ei lygaid sy'n ei helpu i weld prae.

Smotyn disglair

Y parth gwaelodol

Mae'n hollol dywyll, yn rhewllyd, a does bron dim bwyd yn y parth hwn, ond gall rhai creaduriaid **oroesi** ym mannau dyfnaf y môr.

Gwledd y gwaelod

All planhigion ddim byw yn y dyfnder tywyll, felly **helwyr** sy'n byw yn y parth hwn. Does dim llawer o fwyd, felly mae llawer o greaduriaid yn bwyta bacteria a **gweddillion** morfilod a physgod.

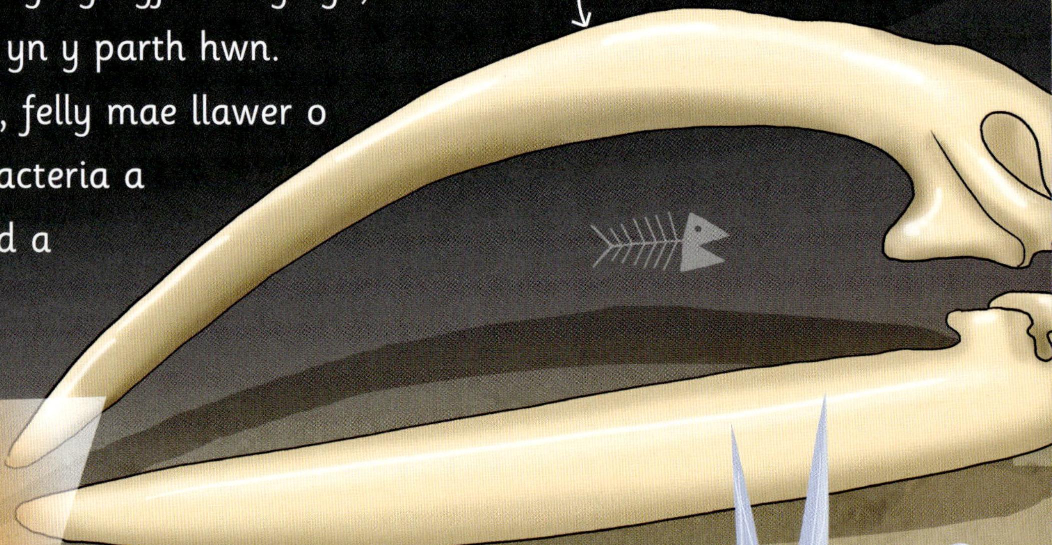

Sgerbwd morfil

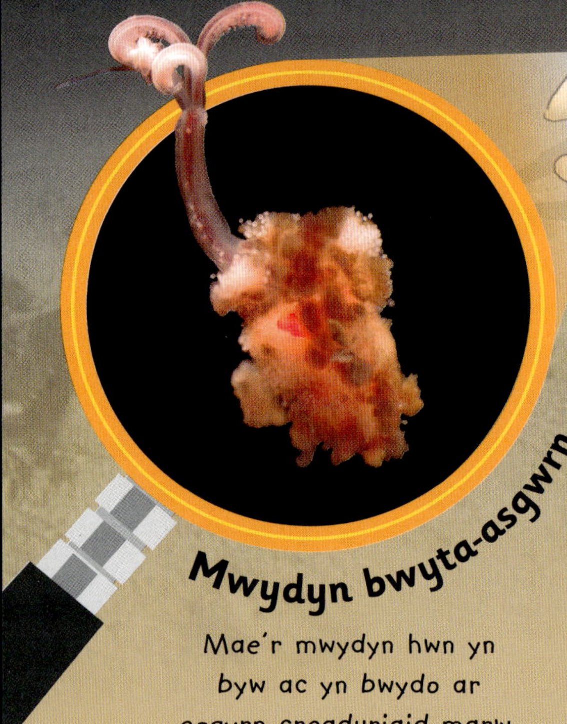

Mae **ciwcymber y dyfnder** yn llithro ar hyd gwely'r môr, gan lyncu unrhyw fwyd sydd ar gael.

Mwydyn bwyta-asgwrn

Mae'r mwydyn hwn yn byw ac yn bwydo ar esgyrn creaduriaid marw, fel morfilod.

Sborionwyr y dyfnder yw'r **isopodau mawr**. Maen nhw'n bwyta gweddillion creaduriaid marw.

Parth Hades
Dyma fan **dyfnaf** y môr. Mae'n dywyll ac yn anodd cyrraedd ato, felly dyw gwyddonwyr ddim wedi ei archwilio'n iawn hyd yn hyn.

Seren bluog

Mae'r pysgodyn malwen yn nofio yn y dŵr dwfn.

Cangen

Asgell

Mae pysgod trybedd yn defnyddio'u tair asgell hir i 'sefyll' ar wely'r môr, ac aros i'w cinio ddod heibio.

Aros i'w bwyd ddod atyn nhw mae cwils môr. Mae ganddyn nhw goes hir a changhennau sy'n hidlo'r dŵr ac maen nhw'n dal bwyd sy'n mynd heibio.

Coes

Anifeiliaid yw'r sêr pluog a'r cwils môr, nid planhigion.

Byw yn y môr

Mae yna **greaduriaid medrus** iawn o dan y tonnau. Mae rhai'n deall sut i ymguddio, a rhai'n defnyddio pob math o driciau i ddianc rhag ysglyfaethwyr. Dyw bywyd byth yn llonydd. Felly i mewn i'r dŵr â ni i gwrdd â'r creaduriaid hynod yma.

Materion teuluol

Yn y môr mae yna **deuluoedd** o bob lliw a llun. All rhai anifeiliaid ddim goroesi heb help eu teuluoedd, ond dyw anifeiliaid eraill byth yn cwrdd â'u teulu.

Wyau

Pan fydd benyw'r **pysgodyn cardinal** yn dodwy wyau, mae'r gwryw yn eu casglu yn ei geg. Fydd y gwryw ddim yn bwyta, nes i'r wyau ddeor ac i'r babanod nofio allan.

Mae'r **pengwin ymerordrol** gwryw yn gofalu am yr wy, a'r fam yn chwilio am fwyd. Ddaw hi ddim yn ôl am ddau fis! Mae'r gwryw'n cadw'r wy'n gynnes nes iddo ddeor. Pan ddaw'r fam yn ôl, mae'r ddau riant yn mynd i chwilio am fwyd, a'r cywion yn swatio gyda'i gilydd.

Llo yw'r enw am faban **morfil**. Mae'r mamau'n gofalu am y babanod, a'r neiniau'n rhannu eu bwyd â phlant eu merched. Mae'r teulu'n aros gyda'i gilydd, mewn grŵp o'r enw 'pod' weddill eu hoes.

Dyw llawer o **grancod coch** byth yn cwrdd â'u rhieni. Mae'r fam yn dodwy wyau ar y traeth ac, ar ôl iddyn nhw ddeor, mae'r tonnau'n sgubo'r rhai bach i ffwrdd.

Wyau

Mae'r **pib-bysgodyn** gwryw yn cadw rhes o wyau'n sownd wrth ei gorff nes iddyn nhw ddeor. Yna mae'r babanod yn drifftio i ffwrdd ac yn byw ar eu pennau eu hunain.

Mae **morlewod** yn byw mewn nythfeydd. Mae un gwryw bob amser ar wyliadwriaeth, pan fydd y mamau'n bwydo'r rhai bach.

Crwbanod ar frys

Does gan fabanod crwban y môr ddim amser i'w golli! Mae'r fam yn dodwy ei hwyau ar y traeth, ac yn syth ar ôl deor, rhaid iddyn nhw **frysio i'r môr**. Barod? Ffwrdd â ni!

1

Craaaac! Mae'r crwban bach yn deor drwy bigo twll yn yr wy.

2

Mae cymaint o wyau! Rhaid bod rhagor o fabanod ar y ffordd.

Craaac Craaaac

Mae'r crwban bach tua'r un hyd â dy fys bawd. Ar ôl deor, rhaid mynd yn syth at ei gartref newydd – y môr.

3

Mae'r crwban yn cropian dros y tywod at y môr. Dyw hynny ddim yn bell, ond mae pob cam yn beryglus, achos mae'r crwban bach yn araf, a'r traeth yn llawn ysglyfaethwyr.

Crawc!

4

"Mae cysgod yn golygu perygl! Rhaid i fi ddianc."

Mae adar môr llwglyd yn hedfan uwchben, ac yn barod i blymio.

5

"Iiiii!"

Mae'r crwban bach yn osgoi crancod ac ysglyfaethwyr eraill, nes cyrraedd y môr o'r diwedd.

6

Yn y môr rhaid i'r crwban nofio'n ddi-stop nes dianc o'r dyfroedd bas, heulog, sy'n llawn gelynion, fel y dolffin. Dros amser, bydd yn crwban yn tyfu'n fwy ac yn gryfach.

7

"Gobeithio bydd fy mabanod yn cyrraedd y dŵr!"

Ar ôl tyfu'n oedolyn, daw'r crwban yn ôl i'r un traeth i ddodwy wyau. Mae'r babanod yn deor a'r ras yn dechrau eto.

Mynd o don i don

Mae llawer o greaduriaid yn nofio drwy'r tonnau. Ond mae yna sawl ffordd arall o **symud** drwy'r môr. Barod amdani?

Chwysigen fôr

Drifftiwr peryglus
Paid â mynd yn agos at y **chwysigen fôr** a'i thentaclau gwenwynig. Mae'n drifftio ar y ceryntau.

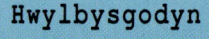
Hwylbysgodyn

Nofiwr chwim
Mae gan yr **hwylbysgodyn** gorff llyfn iawn, sy'n ei helpu i symud drwy'r dŵr yn gyflym dros ben. Mae ei big mawr, hir yn torri drwy'r dŵr, a'i esgyll yn ei helpu i droi.

Yr hwylbysgodyn yw'r creadur cyflymaf yn y dŵr. Mae'n cyrraedd cyflymder o 112 kya (70 mya) – mor gyflym â char ar y draffordd!

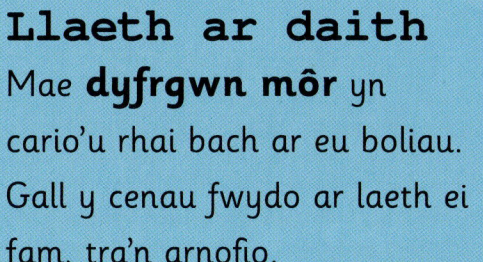
Dyfrgwn môr

Llaeth ar daith
Mae **dyfrgwn môr** yn cario'u rhai bach ar eu boliau. Gall y cenau fwydo ar laeth ei fam, tra'n arnofio.

Jymbo jet
Mae'r **octopws** yn gwasgu ei gorff yn dynn, gan ollwng ffrydiau o ddŵr sy'n ei wthio drwy'r môr. **Jet-yriant** yw'r enw ar hyn.

Octopws

Cydio'n dynn
Dyw **cregyn llong** ddim yn gweithio'n rhy galed! Maen nhw'n glynu wrth long neu grwban ac yn cael eu cario drwy'r dŵr.

Cregyn llong

Hedfan drwy'r môr
Mae **crwbanod y môr** yn defnyddio'u ffliperi i 'hedfan' o dan y dŵr, yn union fel mae adar yn defnyddio'u hadenydd i hedfan drwy'r awyr.

Crwban y môr

Nofio mewn grŵp

Mae'n anodd bod yn greadur bach yn y môr mawr. Dyna pam mae rhai anifeiliaid yn ffurfio **grwpiau** arbennig. Gall gweithio mewn tîm eu cadw'n ddiogel rhag gelynion – hefyd mae'n ffordd dda o hela.

Dwi bron llwgu, ond pan fydd pysgod bach yn ffurfio siâp pêl, mae'n anodd eu dal!

Pêl abwyd

Haig gydsymudol

Rydyn ni i gyd yn nofio i'r un cyfeiriad.

Gall HAIG GYDSYMUDOL gynnwys MILOEDD o bysgod!

Partneriaid perffaith

Mae'r môr yn llawn partneriaid. Mae creaduriaid y môr yn **helpu** ei gilydd mewn gwahanol ffyrdd. Allai rhai ddim goroesi heb help.

Anemonïau môr a physgod clown

Mae anemonïau môr yn gadael i bysgod clown **ymguddio** rhwng eu tentaclau brathog i osgoi ysglyfaethwyr. Yn eu tro, mae'r pysgod yn dod â dŵr llawn ocsigen i'r anemonïau, ac yn **glanhau** eu tentaclau.

- Pysgodyn clown
- Llwnc!
- Llyfu
- Anemoni môr

Berdys brathog a gobïod

Mae'r partneriaid yma'n byw gyda'i gilydd. Wrth i'r berdysyn wneud twll, mae'r gobi'n **gwylio** am elynion.

"Diolch am rannu dy gartref â ni."

- Gobi
- Berdysyn brathog

Cwrel ac algâu

Mae'r algâu bach, bach yn byw **y tu mewn** i'r cwrel, ac allan o afael y pysgod sy'n eu bwyta. Mae'r algâu'n rhoi lliwiau rhyfeddol i'r cwrel, a hefyd yn ei **fwyta**.

- Cwrel
- Algâu

Mae'r pysgod clown hefyd yn

Cadw'n lân

Mae pysgod glanhau a berdys yn bwyta'r **croen marw** sydd ar y pysgod mawr. Mae'r pysgodyn mawr yn cael croen glân, a'r pysgodyn bach yn cael bwyd!

Dwi'n glanhau'r tang glas, pysgod parot a'r cipwyr.

Iym! Iymi!

Cregyn llong a morfilod

Mae cregyn llong a morfilod yn bwyta **plancton**. Glyna'r cregyn wrth gefnau a boliau'r morfilod. Yna mae'r morfilod yn eu cario at y plancton.

Crancod paffio ac anemonïau môr

Mae crancod paffio yn cario'r anemonïau ar eu crafangau. Maen nhw'n eu defnyddio fel **menig paffio** i bigo'u gelynion. Yn eu tro, mae'r crancod yn bwydo'r anemonïau.

Algâu a chorryn-grancod

Mae'r algâu'n glynu wrth gragen y corryn-granc. Mae'r algâu'n cael cartref, ac mae eu lliwiau gwyrdd-frown yn **cuddio'r** cranc rhag ysglyfaethwyr.

Morfil
Cranc paffio
Anemoni
Cragen long

Algâu
Corryn-granc

DENU PRAE at yr anemoni.

Crwydrwyr y môr

Mae teithiau rhyfeddol o'r enw **ymfudiadau** yn rhan o fywyd rhai creaduriaid môr. Maen nhw'n teithio'n bell dros y moroedd i fwydo neu i fridio.

Mae gyda ni siwrnai hir o'n blaenau!

Llysywod

Mae **babanod llysywod** yn drifftio o Fôr Sargaso yng Nghefnfor Iwerydd i Ewrop, sy'n cymryd tua 300 diwrnod. Yna, ar ôl tyfu i'w llawn faint, maen nhw'n teithio'n ôl eto.

Dwi'n teithio o UDA i ogledd y Cefnfor Tawel ddwywaith y flwyddyn i chwilio am fwyd.

Mae **cimychiaid dreiniog** yn ymfudo drwy gerdded un ar ôl y llall ar hyd gwely'r môr, nes cyrraedd dyfroedd cynhesach.

Eliffant môr y Gogledd

Cimychiaid dreiniog

Unwaith y flwyddyn mae'r **marlinod glas** yn teithio am filoedd o filltiroedd i gyrraedd dyfroedd cynhesach, trofannol.

Marlin glas

Mae **siarcod mawr gwyn** yn ymfudo i fan anghysbell yn y Cefnfor Tawel, o'r enw 'y Caffi Mawr Gwyn', ond does neb yn gwybod pam!

CAFFI MAWR GWYN

Siarcod mawr gwyn

Mae **eogiaid** yn ymfudo i fyny'r afon. Maen nhw'n brwydro yn erbyn ceryntau ffyrnig, a hyd yn oed yn neidio allan o'r dŵr ac i fyny rhaeadrau, er mwyn gallu dodwy wyau yn y man lle cawson nhw'u geni.

Dwi'n ymfudo o'r môr i'r afonydd.

Eog

Antur y morfil

Bob blwyddyn mae **morfilod cefngrwm** yn nofio am filoedd o filltiroedd o ddyfroedd oer Antarctica i ddyfroedd cynhesach yr Iwerydd, Cefnfor India a'r Cefnfor Tawel.

Ffurfia'r morfilod cefngrwm gylch a chreu 'rhwyd' o swigod i ddal eu prae.

YMFUDIAD Y MORFIL CEFNGRWM

1 Mae'r morfilod cefngrwm yn ymfudo o'u **man bwydo** i'w **man bridio**. Cyn mynd, maen nhw'n bwyta llwythi o gril a phlancton bach, i greu digon o fraster i'w cynnal ar y daith hir.

Plancton

Dyw morfilod cefngrwm ddim yn bwyta ar y daith. Maen nhw'n byw ar eu braster.

2 Pan fyddan nhw wedi bwyta digon ac yn barod i fynd, mae'r morfilod yn teithio i'r **moroedd cynnes, trofannol** tua'r de. Mae'r daith yn cymryd dros fis, gan gynnwys ambell seibiant byr.

yw un o'r HIRAF ar y DDAEAR!

3 Mae'r benywod yn **geni**'r rhai bach yn y dyfroedd trofannol. Maen nhw'n cadw'u babanod yn agos ac yn eu helpu i fwydo a thyfu, cyn cychwyn ar y daith hir yn ôl i Antarctica.

Llo yw enw baban morfil.

Mae'r oedolyn yn pwyso cymaint ag wyth eliffant.

Mae'n drymach o lawer na fi!

Rhwydwaith fwyd yr Arctig

Rhaid i bob anifail gael bwyd i greu **egni**. Mae rhwydwaith fwyd yn cysylltu creaduriaid sy'n byw yn yr un cynefin.

Torgoch yr Arctig

O un i'r llall

Gan gychwyn o'r Haul, mae egni'n cael ei drosglwyddo o algâu i anifeiliaid bach, ac yna i'r ysglyfaethwyr sydd ar frig y **rhwydwaith**.

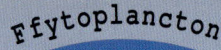

Ffytoplancton

Penfras yr Arctig

Mae pysgod bach, fel penfras yr Arctig, yn gwledda ar söoplancton. Mae pysgod yn ffynhonnell bwysig o fwyd i anifeiliaid mwy.

Ar ddechrau'r rhwydwaith mae'r ffytoplancton bach, bach. Maen nhw'n fwyd hanfodol i greaduriaid pitw bach o'r enw söoplancton.

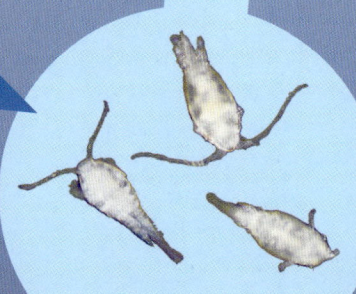

Söoplancton

Môr-wennol y gogledd

Arth wen

Morlo cylchog

Mae anifeiliaid mwy, fel morloi ac adar, yn bwydo ar lwythi o bysgod, ond mae ysglyfaethwyr yn bwydo arnyn nhw.

Ar frig y rhwydwaith fwyd mae'r helwyr, fel yr arth wen a'r orca. Mae'r prif ysglyfaethwyr hyn yn bwyta pysgod, ac anifeiliaid mawr hefyd, gan gynnwys morloi.

Orca

Môr-uncorn

Algâu anhygoel

Ar waelod cadwyn fwyd y môr mae algâu bach, bach o'r enw **ffytoplancton**. Er eu bod nhw'n fach iawn, mae biliynau ohonyn nhw'n arnofio yn y môr.

Mae ffytoplancton yn cael eu galw'n 'laswellt y môr' am fod cymaint o greaduriaid yn dibynnu arnyn nhw.

Mae ffytoplancton yn arnofio ar wyneb y môr, er mwyn i'r haul allu eu cyrraedd.

Ffytoplancton sy'n cynhyrchu HANNER

Ffytoplancton

Bwyd pysgod

Mae ffytoplancton yn bwysig iawn. Maen nhw'n darparu bwyd ar gyfer pob math o greaduriaid y môr, gan gynnwys söoplancton a rhai cramenogion. Hebddyn nhw, byddai cadwyn fwyd y môr yn methu am eu bod nhw'n **cynhyrchu mwy o fwyd** nag unrhyw beth arall yn y môr.

Er eu bod nhw'n fach iawn, os edrychi di'n ofalus, efallai y gweli di ffytoplancton yn arnofio ar byllau glan môr.

← Carbon deuocsid

Cyflenwad ocsigen

Defnyddia ffytoplancton gymysgedd o olau haul, dŵr a charbon deuocsid i greu egni. Enw'r broses hon yw **ffotosynthesis**.

Wrth amsugno carbon deuocsid, maen nhw'n rhyddhau ocsigen i'r awyr, sy'n ein helpu i anadlu.

Mae'r egni'n cael ei drosglwyddo o'r ffytoplancton i'r anifeiliaid sy'n eu bwyta.

Ffytoplancton dan chwyddwydr

← Ocsigen

yr ocsigen rydyn ni'n ei ANADLU!

Tyfu gormod

Gall ffytoplancton dyfu'n gyflym a chreu **gordyfiant algâu**, sy'n ymestyn dros ardal eang, ac yn denu llawer o greaduriaid llwglyd. Ond mae ambell ordyfiant yn wenwynig ac yn gallu niweidio bywyd gwyllt y môr.

Helwyr y môr

Er mwyn goroesi, rhaid i bob creadur **gael gafael ar fwyd**. Mae rhai'n hela drwy ddefnyddio'u synhwyrau rhyfeddol, eu dannedd miniog, a'u cyflymder anhygoel!

Y **siarc maco asgell-fer** yw 'tsieta'r môr'. Mae'n symud yn arbennig o gyflym, a gall neidio o'r dŵr, pan fydd yn hela ei brae.

Siarc maco asgell-fer

Rydyn ni'n synhwyro cryndod pan fydd pysgod bach yn nesáu, ac yn eu dal â'n dannedd miniog.

Rydyn ni'n araf, ond marwol.

Pysgod jeli

Llysywod rhuban

Mae **pysgod jeli** yn arnofio yn y dŵr. Maen nhw'n gallu parlysu prae sy'n mynd heibio, a'u bwyta heb symud o'r fan.

144

Mae'r berdysyn mantis peunaidd yn ddigon

Morfilod cefngrwm

Mae **morfilod cefngrwm** yn hela mewn grwpiau. Maen nhw'n chwythu swigod drwy eu tyllau chwythu. Wrth godi, mae'r swigod yn ffurfio siâp rhwyd, ac yn dal gwledd o bysgod neu cril.

Mae **ystifflog mawr Awstralia**, yn targedu prae, fel pysgod, sy'n symud yn gyflym. Mae'n aros yn dawel, yna'n estyn ei dentaclau ar ras a tharo'r prae. Gall hefyd chwythu inc i ddrysu gelyn.

Inc du yn drysu ysglyfaethwyr

Ystifflog mawr Awstralia

Berdysyn mantis peunaidd

Mae'r **berdysyn mantis peunaidd** yn cripian tuag at granc, ac yn ei daro â'i grafanc. Mae'n taro mor galed â bwled!

cryf i DORRI drwy WYDR trwchus!

145

Hunanamddiffyn

Mae llawer o greaduriaid môr yn ymdoddi i'w cefndir i osgoi ymosodiad, ond mae gan eraill ffyrdd clyfar o **ymladd**, **twyllo**, neu **ddrysu** gelynion.

Pigau cas

Mae gan y **forgath ddu** ddau bigyn ar ei chynffon sy'n llawn gwenwyn. Os daw perygl, mae'n rhoi fflic i'w chynffon ac yn ymosod.

Morgath ddu

Yn y niwl

Mae'r **octopws** yn rhyddhau cwmwl o inc du, ac yn nofio i ffwrdd yng nghanol y cwmwl, cyn i'r gelyn ei weld.

O gael ei ddychryn, mae'r bocs-bysgodyn ciwb yn cynhyrchu llysnafedd gwenwynig.

Octopws

Pan dwi mewn perygl, galla i gynhyrchu sleim!

Gall gwenwyn pysgod y cerrig

Galla i chwyddo i dair gwaith fy maint!

Pysgodyn dreiniog normal

Llond bol
Mae'r **pysgodyn dreiniog** yn sugno dŵr ac yn chwyddo i fyny. Gan ei fod yn edrych mor fawr, gall ddychryn ysglyfaethwyr mwy o faint. Hefyd, ar ôl chwyddo, mae ei bigau miniog yn ymestyn, ac felly mae'n anoddach i'w fwyta!

Pysgodyn dreiniog ar ôl chwyddo

Pigau gwenwynig
Mae pigau'r **llewbysgodyn** yn rhybuddio ysglyfaethwyr i gadw draw. Hefyd, mae'r pigau'n wenwynig iawn.

Llewbysgodyn

Pysgodyn y cerrig

Gwenwynig iawn
Er ei fod yn edrych fel darn diniwed o gwrel, mae gan **bysgodyn y cerrig** bigau bach ar ei esgyll sy'n gallu chwistrellu gwenwyn marwol.

LADD person mewn **AWR**.

Ble ydw i?

Gall fod yn anodd goroesi yn y môr, felly mae llawer o greaduriaid yn dda am ymguddio. Maen nhw'n esgus bod yn rhan o'u cartrefi, yn dynwared anifeiliaid eraill, ac yn **ymdoddi** i'w cefndir.

Cuddliwio campus
Gall **ystifflogod** newid eu lliw, eu siâp, neu eu hansawdd, er mwyn dynwared gwahanol gefndiroedd, fel gwely'r môr neu gwrel. **Cuddliwio** yw'r enw am hyn.

Mae draenogod môr yn cuddio dan gôt o gregyn a cherrig.

Tebyg i bwy ydw i?

Dwi'n esgus bod yn wymon.

Mae'r **octopws dynwaredol** yn eistedd ar wely'r môr ac yn dynwared creaduriaid gwenwynig, fel sêr môr a nadroedd môr.

Mae gan y **dreigiau môr deiliog** ffriliau gwyrdd, sy'n eu helpu i ymguddio rhwng y morwellt a'r gwymon.

Mae gan ystifflogod filiynau o gelloedd croen sy'n newid lliw mewn llai nag eiliad.

Beth wyt ti'n weld, fi neu'r cwrel?

Mae streipiau'r **llewbysgodyn** yn drysu siâp ei gorff, ac felly mae'n anodd ei weld o bell.

Dwi bron yn anweledig.

Mae gan gramenogion bach o'r enw **amffipodau hyperiid** gyrff tryloyw, sy'n golygu bod ysglyfaethwyr yn cael trafferth i'w gweld.

149

Creu golau

Gall rhai pethau byw greu eu golau eu hunain, o'r enw **bywoleuni**. Maen nhw'n gwneud i'r môr edrych fel petai'n llawn sêr disglair.

Pam mae anifeiliaid yn disgleirio?

Mae creaduriaid yn defnyddio eu golau naturiol i ddychryn a drysu ysglyfaethwyr, twyllo prae, denu partneriaid, ac i ymdoddi i'r dyfroedd heulog.

Golau'r môr
Dewch i ni gwrdd â rhai o'r **miloedd o greaduriaid** sy'n goleuo'r môr.

Môr-lyffant
Yn nyfroedd dwfn, tywyll y môr, mae'r môr-lyffant yn creu golau i ddenu prae. Mae'r golau'n **siglo** o'i ben.

Brathwr piws
Pan fydd tonnau'n symud y pysgodyn jeli hwn, mae'n disgleirio. Os bydd creadur arall yn cyffwrdd ag e, mae'n gollwng **chwŷd gludiog**, sgleiniog!

Wwwwsh!

Glas trydanol

Yn y Maldifau paradwysaidd mae Ynys Vaadhoo, sy'n fwy prydferth fyth yn y nos. Wrth daro'r traeth, gwna'r tonnau i algâu môr, o'r enw **ffytoplancton**, ddisgleirio'n las trydanol.

Ffytoplancton

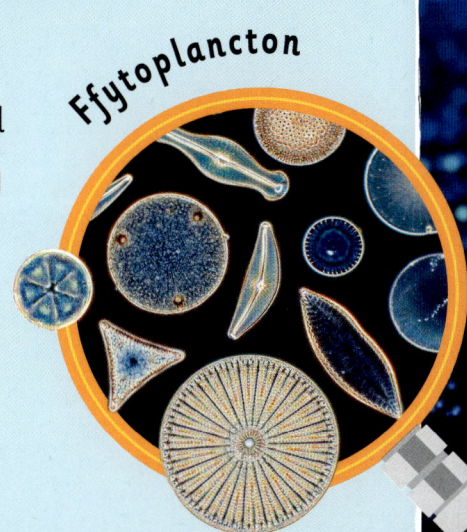

Slefren gribog

Mae corff y slefren gribog bron yn llwyr **dryloyw**, ond mae ei bywoleuni'n llonni'r dyfroedd tywyll.

Môr-fwyell

Mae gan y **fôr-fwyell** oleuadau ar ei bol, sy'n cuddio'i chysgod tywyll. Cred gelynion mai'r haul sy'n digleirio ar wyneb y môr.

Pysgodyn fflachlamp

Mae **organau disglair** dan lygaid y pysgodyn fflachlamp. Dyna sut y cafodd ei enw. Mae'n byw yn y riffiau cwrel, ac yn un o'r ychydig bysgod dŵr bas sy'n cynhyrchu golau.

Môr o sŵn

Gall y môr fod yn swnllyd iawn. Mae cynhyrchu a gwrando ar synau'n helpu anifeiliaid i **gyfathrebu**, **chwilio** am fwyd, a **ffeindio** eu ffordd.

Cyfarth!

Mae **morlewod Califfornia** yn cyfarth i ddychryn gwrywod eraill ac i amddiffyn eu cartrefi.

Pop!

Mae **pysgod clown** yn popian a thrydar i ddangos eu hunain o flaen pysgod clown eraill, ac i esgus eu bod yn fwy dychrynllyd nag ydyn nhw go iawn.

Snap!

Mae **berdys pistol** yn clecian eu crafanc fawr i greu ffrwd o swigod sy'n taro eu prae'n anymwybodol. Gall y glec fod yn uwch na sŵn tân gwyllt.

Gwna PYSGOD CLOWN rai synau

Siwpyr sonar

Dychmyga pa mor anodd fyddai nofio yn y tywyllwch! Mae dolffiniaid yn defnyddio **system sonar**, lle mae sŵn yn eu helpu i 'weld' o dan y dŵr.

clic clic cl

1 Pan fydd yr Haul neu'r Lleuad o'r golwg, gall y môr dywyllu. Mae hynny'n ei gwneud hi'n anodd i ddolffin fynd o gwmpas neu gael **bwyd**.

2 Yn lle defnyddio ei lygaid i'w helpu i symud drwy'r dŵr, bydd y dolffin yn defnyddio **sonar**. Bydd yn gwneud sŵn clician clir.

Mae pad trwchus, o'r enw 'melon', ar fy nhalcen. Mae'n fy helpu i glician. Galla i glician hyd at 1,000 o weithiau bob eiliad!

154

3 Teithia'r cliciau hyn fel **tonnau sŵn** drwy'r dŵr o gwmpas y dolffin. Mae tonnau sŵn yn teithio bron bum gwaith yn gyflymach drwy ddŵr na thrwy'r awyr!

clic clic clic clic

Mae gwrando ar yr eco yn fy helpu i ddarganfod maint, siâp a lleoliad fy mhrae. Dwi'n meddwl 'mod i wedi darganfod octopws.

Fel arfer, allwn ni ddim clywed cliciau'r dolffin am eu bod nhw mor fain.

4 Teithia tonnau sŵn nes taro rhywbeth, fel prae. Yna mae'r tonnau'n **sboncio** oddi ar y prae a'r eco'n teithio'n ôl at y dolffin.

clic

5 Mae'r amser y mae'r eco'n ei gymryd i deithio'n ôl yn dangos pa mor bell i ffwrdd yw'r prae. Enw'r fath system sonar yw **ecoleoliad**.

Gall dolffiniaid glywed DDWYWAITH yn well na CHATHOD!

Creaduriaid clyfar y môr

O forfilod medrus i octopysau all ddatrys problemau, mae yna greaduriaid **clyfar iawn** o dan y môr.

chwiban... clic... chwiban...

chwiban...

Morfil sberm

Creadur peniog
Mae ymennydd y morfil yn **ddatblygedig iawn**, felly gall gyfathrebu, datrys problemau, a hyd yn oed ei adnabod ei hun. Mae ymennydd y morfil sberm yn fwy nag ymennydd unrhyw famal arall ar y Ddaear.

Orca

Cyfathrebu clyfar
Gall orcas llawn dwf a dolffiniaid eraill 'siarad' â'i gilydd drwy glician a chwibanu. Maen nhw'n trosglwyddo **gwybodaeth**, er enghraifft, ble i gael gafael ar forloi neu fwyd arall.

Dwi ddim eisiau cael fy mwyta i swper!

Datrys problemau

Mae gan octopws ymennydd mawr, a **chelloedd nerfau** yn ei freichiau sy'n rheoli symudiad. Mae'n dda am ddatrys problemau – yn union fel ni!

Octopws

Inci'n dianc

Yn 2016, defnyddiodd Inci'r octopws ei ymennydd clyfar i ddianc o'r Acwariwm Cenedlaethol yn Seland Newydd.

Un noson, sylwodd Inci fod clawr ei danc yn gilagored.

Gwthiodd ei gorff hyblyg drwy'r bwlch a chripian dros y llawr.

Llithrodd i lawr peipen law oedd yn arwain i'r môr. Sylwodd neb fod Inci wedi dianc nes gweld llwybr gwlyb ar lawr yr acwariwm!

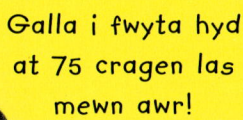

Galla i fwyta hyd at 75 cragen las mewn awr!

Dyfrgi môr

Defnyddio offer

Mae'r dyfrgi môr yn bwyta creaduriaid â chregyn caled, felly rhaid defnyddio **offer** i'w hagor. Mae'n taro'r cregyn yn erbyn y creigiau er mwyn cyrraedd y bwyd!

Anturiaethau ar y môr

Mae pobl wedi bod yn **archwilio'r moroedd** ers canrifoedd. Dy dro di yw hi nawr! Barod i gwrdd ag arwyr anhygoel, bwystfilod chwedlonol, llongddrylliadau syfrdanol a môr-ladron beiddgar? A beth am ddarganfod trysor?

Anturiaethwyr cynnar

Mae'r môr wedi hudo pobl ers **canrifoedd lawer**. Pan ddechreuodd pobl anturio dros y moroedd, dysgon nhw fwy a mwy am ein byd.

Eifftiaid	Phoeniciaid	Groegiaid
O'r 15fed ganrif CC, byddai'r hen Eifftiaid yn hwylio tua'r de o'r Môr Coch i **archwilio** ac i **fasnachu** â Dwyrain Affrica.	Defnyddiai'r morwyr gwych hyn **goed cedrwydd** i wneud llongau pren. Tua 600 CC, hwylion nhw o gwmpas arfordir Affrica.	Tua 300 CC, hwyliodd yr hen Roegiaid drwy Fôr y Canoldir a'r Môr Du, gan werthu nwyddau ac adeiladu dinasoedd ar y ffordd.

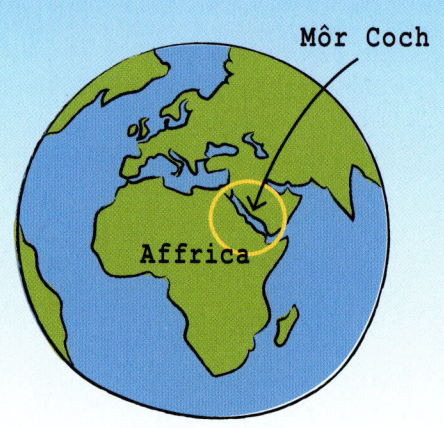

Cedrwydden

Ble nesa?

Lawr! Lan!

Cymerodd y Llychlynwyr SAITH DIWRNOD i hwylio o Sgandinafia

Hwylio

Llongau **pren**, gydag **un hwyl**, oedd y llongau hwylio cyntaf. Roedd rhwyfau ar eu bwrdd, er mwyn i'r criw allu rhwyfo os nad oedd digon o wynt.

Rhwyfau

Dewch i ni hwylio'r moroedd!

Llychlynwyr

Erbyn yr 8fed ganrif OC, roedd Llychlynwyr Sgandinafia yn hwylio o gwmpas Ewrop ac ymhellach fyth. Hwylion nhw i **Wlad yr Iâ** a'r **Ynys Las** – doedd yr Ewropeaid yn gwybod dim am y gwledydd hyn.

Leif Erikson

Credir mai'r Llychlynwr Leif Erikson a'i griw oedd yr Ewropeaid cyntaf i gyrraedd Gogledd America.

i WLAD YR IÂ.

Polynesiaid

Yn yr 11fed ganrif, hwyliodd y Polynesiaid ar draws y Cefnfor Tawel i chwilio am **ynysoedd newydd**. Aethon nhw i fyw ar ynysoedd ymhell ac agos, o Hawaii i Seland Newydd.

Roedd yr hen Bolynesiaid yn ffeindio'u ffordd drwy astudio'r Haul a'r sêr.

Canŵ Polynesaidd

Ffordd Sidan y môr

Ffordd fasnach oedd y Ffordd Sidan, yn dyddio o'r ail ganrif CC. Roedd yn cychwyn yn China ac yn croesi tir a môr nes cyrraedd Ewrop ac Affrica.

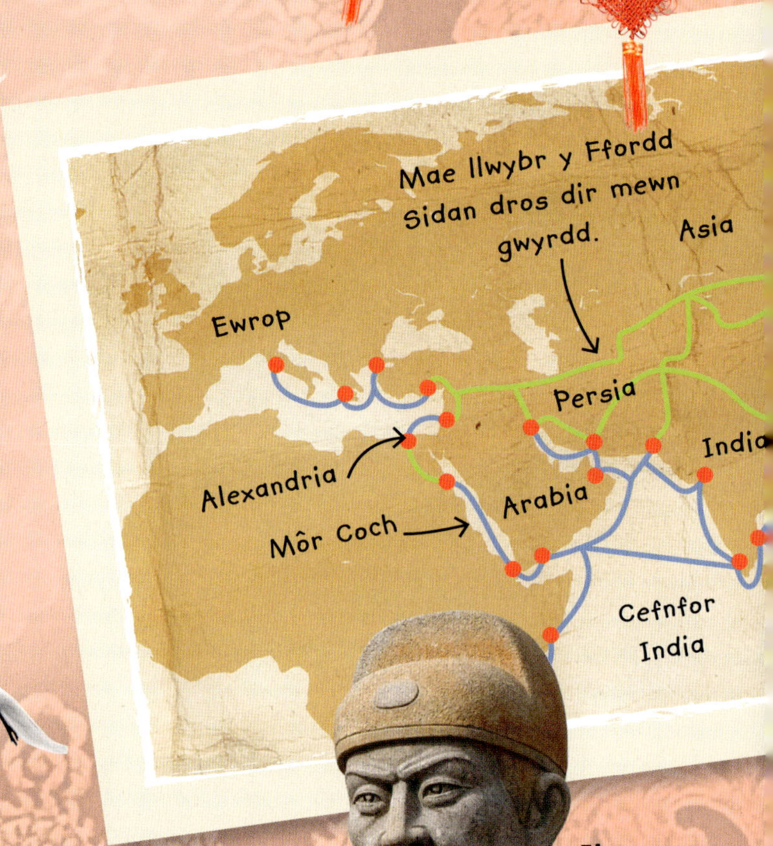

Mae llwybr y Ffordd Sidan dros dir mewn gwyrdd.

Ewrop · Asia · Persia · India · Alexandria · Môr Coch · Arabia · Cefnfor India

Zheng He

Masnach fôr

Roedd gan y Chineaid fasnach sidan. Dyna sut y cafodd y Ffordd Sidan ei henw. Yn ogystal â rhannu nwyddau, byddai'r masnachwyr yn rhannu **diwylliant** ac **arferion** eu gwlad.

Mae nifer o DREFI a themlau

Mapio'r Ffordd Sidan

Roedd y rhan o'r ffordd oedd yn croesi'r môr yn cychwyn yn **Guangzhou** yn China, ac yn mynd yr holl ffordd i **Alexandria** yn yr **Aifft**.

Anturiaethwyr China

Erbyn y bymthegfed ganrif, roedd anturiaethwyr China yn hwylio i **wledydd** pell ac yn rhannu nwyddau.

Llynges ryfeddol

Capten enwocaf China oedd y Llyngesydd **Zheng He**. Rhwng 1405 ac 1433, arweiniodd lynges o 300 llong ar saith mordaith.

Mae'r llwybr dros y môr mewn glas.

Guangzhou

Byddai morwyr China yn gyrru negeseuon o un llong i'r llall drwy ddefnyddio clychau, baneri, llusernau a cholomennod!

Er mwyn ffeindio'i ffordd dros y môr, roedd Zheng He yn defnyddio cwmpawd magnetig wedi ei ddyfeisio yn China.

Roedd Zheng He yn cyfnewid sidan o China a llestri Ming am anrhegion fel perlau, perlysiau ac **anifeiliaid ecsotig**.

yn dwyn enw'r morwr-anturiaethwr **ZHENG HE**.

Archwilio moroedd

Cychwynnodd **oes aur** anturio yn y 15fed ganrif, wedi i forwyr ddarganfod llwybrau newydd a chyrraedd gwledydd pell.

Yn 1415, pan ddaeth y Tywysog Henri o Bortiwgal yn gapten ar nifer o longau, aeth i archwilio arfordir **Affrica**.

Yn 1488 Bartolomeu Dias oedd y cyntaf o Ewrop i hwylio o gwmpas **Penrhyn Gobaith Da**, yn Affrica.

Yn 1492 hwyliodd Christopher Columbus i **Ynysoedd y Caribî**. Roedd wedi cyrraedd yr Americas, ond yn meddwl ei fod yn Asia!

Yn yr 16eg ganrif, teithiodd Hernán Cortés i Fecsico i ddwyn aur oddi ar yr Asteciaid, a hwyliodd Francisco Pizarro i Beriw, a **dwyn cyfoeth** yr Incas.

Roedd anturiaethwyr Ewrop yn chwilio am dir yn y Cefnfor Tawel. Cyrhaeddodd Capten James Cook **Awstralia** yn 1770.

Dwyn a dinistrio

Achosodd anturiaethwyr o Ewrop **broblemau** i'r **bobl leol**. Buon nhw'n ymladd, dwyn trysorau ac yn lledu afiechydon. Dinistrion nhw ymerodraethau a phobloedd.

Ymosodiad gan longau Vasco da Gama

> Bu farw hanner fy nghriw ar y fordaith i India.

Vasco da Gama o Bortiwgal wnaeth y fordaith gyntaf o **Ewrop i India**, yn 1498. Daeth â pherlysiau yn ôl yn ei long.

Yn 1519, arweiniodd Ferdinand Magellan o Bortiwgal y fordaith gyntaf **o amgylch y byd**. Profodd hyn fod y byd yn grwn.

O 1801 i 1803, hwyliodd Matthew Flinders o Loegr yr holl ffordd o gwmpas **Awstralia**.

Roedd masnachwyr Ewrop eisiau llwybr tua'r dwyrain, ond am fod arfordir Siberia, Rwsia, mor rhewllyd, lwyddodd neb i gwblhau'r fordaith drwy **Dramwyfa'r Gogledd-Ddwyrain** tan 1878.

Yn hytrach na hwylio'r moroedd stormus o gwmpas Gogledd America, ceisiodd anturiaethwyr deithio i Asia o'r gogledd-orllewin. Llwyddwyd i hwylio ar hyd **Tramwyfa'r Gogledd-Orllewin** o'r diwedd yn 1906.

Gwyddoniaeth y môr

Ers blynyddoedd, mae gwyddonwyr wedi archwilio'r môr a theithio i lefydd egsotig i chwilio am **rywogaethau newydd**. Drwy eu gwaith, rydyn ni wedi dysgu llawer mwy am fyd natur.

Aristotle

Astudiaeth o anifeiliaid yw swoleg.

Hen ddarganfyddiadau

Yn y 4edd ganrif CC, astudiodd Aristotle, athronydd o Wlad Groeg, wahanol anifeiliaid a'u rhannu'n grwpiau. Fe oedd y person cyntaf i drefnu byd natur fel hyn. Dyna gychwyn **swoleg**.

Gwaith gwlyb

Hwyliodd Alexander von Humboldt, gwyddonydd o'r Almaen, i Dde America yn 1799. Casglodd lawer o fywyd gwyllt, ac astudiodd **geryntau'r môr a phatrymau tywydd**. Gwnaeth ddigon o ddarganfyddiadau i lenwi 34 llyfr enfawr!

Alexander von Humboldt

Chwilio am ffosilau

Yn 1811, darganfu Mary Anning, merch ysgol o Loegr, sgerbwd ar y traeth ger ei chartref. Sgerbwd ichthyosor oedd e – ymlusgiad môr **cynhanesyddol**! Yn ystod ei bywyd, darganfu gannoedd o ffosilau, gan helpu gwyddonwyr i ddeall mwy am ein hen foroedd.

Mary Anning

Ffosil ichthyosor

Roedd llawer o bobl yn gwrthod credu darganfyddiadau Mary, a chymerodd rhai y clod eu hunain.

HMS Beagle

Pigau perffaith

Yn 1831, hwyliodd y naturiaethwr, Charles Darwin, o Loegr a chychwyn ar daith o gwmpas y byd ar fwrdd *HMS Beagle*. Bu'n astudio bywyd gwyllt, gan sylwi fod anifeiliaid ar Ynysoedd Galápagos, De America, yn newid fymryn o un ynys i'r llall. Roedden nhw wedi **ymaddasu** i'w cynefin.

Llinos ddaear ganolig

Llinos lysfwytaol

Llinos gnocell

Llinos bersain werdd

Darganfu Darwin 18 rhywogaeth o linosod. Roedd pig ychydig yn wahanol gan bob un.

Llongau ahoi!

Dros y blynyddoedd mae cychod wedi tyfu'n fwy ac yn well. Barod i gamu ar fwrdd llongau rhyfeddol a rhannu rhai o'r **mordeithiau mwyaf cofiadwy** erioed?

Canŵs cynnar
Filoedd o flynyddoedd yn ôl, adeiladodd y Polynesiaid **ganŵs pren**, mawr, agored. Hwylion nhw am bellteroedd maith dros y Cefnfor Tawel.

Ar y fordaith fe gipiais i long a dwyn chwech tunnell o drysor!

Mayflower
Yn 1620, hwyliodd y llong enwog hon o Loegr â 102 o bobl grefyddol, o'r enw **Pererinion**, ar ei bwrdd. O'u blaenau roedd mordaith beryglus i Ogledd America, i gychwyn bywyd newydd.

Golden Hind
Capten y *Golden Hind* oedd **Syr Francis Drake** o Loegr. Torrodd y llong record am deithio o gwmpas y byd, rhwng 1577 ac 1580.

SS Normandie
Pan lansiwyd hi yn 1932, y llong hon o Ffrainc oedd y llong deithwyr **fwyaf** a **chyflymaf** yn y byd. Roedd yn foethus iawn. Roedd gardd aeaf ar ei bwrdd hyd yn oed!

U.S.S. Constitution
Y *Constitution*, a lansiwyd yn 1797, yw'r llong hynaf â chomisiwn yn Llynges UDA. Cafodd hi'r llysenw '**Old Ironsides**' am fod canonau'n methu ei difa.

The World
Mae 165 cartref parhaol ar fwrdd y llong hon. Dyma'r **llong breswyl breifat** fwyaf yn y byd. Ers ei lansio yn 2002, mae The World wedi teithio'r byd.

Chwilio am longddrylliadau

Dyw pob llong ddim yn hwylio ar wyneb y môr. O dan y tonnau mae **miliynau o longau** yn gorwedd ar greigiau, neu wedi eu gwasgaru dros wely'r môr. Dyma longddrylliadau'r byd.

Darganfyddiadau'r dyfnder

Mae anturiaethwyr tanddwr wedi darganfod sawl llongddrylliad ac wedi casglu **eitemau diddorol** o'r gorffennol ...

Trysor cudd

Yn y 18fed ganrif cipiwyd y llong **Queen Anne's Revenge** gan Blackbeard, y môr-leidr. Llenwodd y llong â chanonau, a chriw ffyrnig iawn. Ar ôl i'r llong suddo, cafodd llawer o ysbail ei ddarganfod ar ei bwrdd. .

Pam mae cychod yn suddo?

Mae llongau'n suddo am bob math o resymau. Mae rhai'n cael eu taro gan **stormydd** a moroedd uchel. Mae rhai'n **dymchwel** neu'n cael eu dinistrio mewn gwrthdrawiad. Mae rhai, yn syml iawn, yn datblygu **twll**, yn llenwi â dŵr ac yn suddo.

Weithiau gall llongddrylliad ddatgelu trysor a chyfrinachau'r gorffennol. Ond mae llawer o longau ar goll, a'u lleoliad yn ddirgelwch.

Creiriau cain

Cafodd dros 80,000 darn o borslen a thrysor eu darganfod ar fwrdd **Nanhai One**, llong fasnach o China o'r 13eg ganrif. Mae'r creiriau yn rhoi darlun o fasnach China yn y cyfnod hwn.

O dan y rhew

Yn 1912, pedwar diwrnod ar ôl cychwyn ei mordaith gyntaf, trawodd y **Titanic** yn erbyn mynydd iâ a suddo. Cafodd y llong ddrylliedig ei darganfod 73 mlynedd yn ddiweddarach, ac achubodd deifwyr nifer o eitemau, gan gynnwys watsh boced oedd yn dangos yr amser y suddodd y llong.

Cyn iddi hwylio, dywedwyd bod y Titanic yn 'ansuddadwy'.

Perygl! Môr-ladron!

Flynyddoedd maith yn ôl, roedd morwyr yn cael eu bygwth gan droseddwyr barus oedd am ddwyn eu nwyddau. O na! **Y môr-ladron**!

Bywyd ar y môr

Yn y gorffennol byddai môr-ladron yn byw ar longau gorlawn, **llawn llygod mawr**, am fisoedd ar y tro. Byddai'r capten yn gosod rheolau caeth i drio cadw trefn ar y criw ac ar y llong ei hun.

"Peidiwch â 'ngadael i!"

Os oedd môr-leidr yn torri'r rheolau, byddai'n cael ei adael ar ynys unig.

Parot

Byddai môr-ladron yn dal PAROTIAID ac yn eu gwerthu am ARIAN mawr!

Y *Jolly Roger* yw'r enwocaf o faneri'r môr-ladron. Ei phwrpas oedd dychryn.

Fi yw un o'r môr-ladron mwyaf enwog a ffyrnig erioed.

Blackbeard

Brenin y môr-ladron

Roedd môr-ladron eisiau codi ofn ar bawb. Roedd **Blackbeard**, o Loegr, oedd yn byw yn y 18fed ganrif, yn greulon a drwg ei dymer. Byddai'n cynnau ffiwsiau yn ei farf i ddychryn pobl. Roedd y llinynnau'n hisian ac yn gwneud iddo edrych fel bwystfil.

Ching Shih

Brenhines y môr-ladron

Yn y 19eg ganrif roedd **Ching Shih** o China yn arwain 2,000 llong, a hyd at 70,000 o fôr-ladron. Roedd hi'n frawychus, ac yn arweinydd llym oedd yn aml yn trechu'r llywodraeth. Os meiddiai unrhyw fôr-leidr dorri ei rheolau, byddai'n ei gosbi'n chwyrn.

Chwedlau'r môr

Ers canrifoedd mae pobl wedi **rhannu storïau** am fwystfilod môr a dinasoedd coll. Dewch i ni edrych ar rai o'r chwedlau rhyfeddol hyn.

Môr-forynion

Mae gan fôr-forynion ben a chorff menyw, ond **cynffon pysgodyn**. Dywed rhai eu bod yn cadw morwyr yn ddiogel, ond mae eraill yn mynnu mai arwydd o storm ydyn nhw.

Gwelodd Christopher Columbus haig o fanatïod a'u camgymryd am fôr-forynion.

Umibôzu

Mae'r **bwgan môr Japaneaidd** hwn yn codi o ddŵr llonydd yn y nos, ac yn ymosod ar longau. Ei enw yw 'mynach môr' am fod ganddo ben moel, ac mae rhai'n credu mai ysbryd offeiriad wedi boddi yw Umibôzu.

Cracen

Maen nhw'n dweud bod bwystfil enfawr, o'r enw Cracen, yn llechu yn y môr ger Norwy a'r Ynys Las, yn barod i lusgo **llongau** i ddistryw.

Atlantis

Yn ôl y chwedl, **suddodd** hen ddinas Atlantis **o dan y tonnau**, gan ddinistrio gwareiddiad cyfan. Heddiw, mae gwyddonwyr yn defnyddio'r dechnoleg ddiweddaraf i chwilio am ddinasoedd coll fel hon.

Seirenau

Byddai'r menywod peryglus yma o fytholeg gwlad Groeg, yn canu caneuon swynol i **ddenu morwyr** yn nes. Yna byddai'r seirenau'n suddo'r llongau ac yn boddi'r morwyr.

Gwyliwch rhag cân y seiren!

Peiriannau archwilio

Mae llongau tanfor a llongau ymsuddol yn teithio **ymhell o dan y dŵr** ac yn archwilio'r môr. Gall y peiriannau rhyfeddol yma wrthsefyll gwasgedd eithafol y dŵr yn y môr.

Llongau tanfor

Mae'r **peiriannau enfawr** yma'n cario'r llynges ymhell o dan wyneb y môr. Mae ganddyn nhw ddigon o bŵer a digon o le, felly gall y criw aros o dan y dŵr am fisoedd.

Llongau ymsuddol

Mae'r peiriannau yma'n llawer **llai a llai pwerus** na llongau tanfor. Maen nhw'n cael eu lansio o longau, i archwilio'r môr a gwneud gwaith ymchwil.

Alvin

Cafodd y llong ymsuddol arbennig hon ei lansio yn 1964, ac mae wedi deifio tua 5,000 gwaith. Y gwyddonwyr ar ei bwrdd ddarganfu fentiau hydrothermol.

Sut mae llongau tanfor yn gweithio

Pan fydd tanciau'r llong danfor yn **llawn** dŵr, mae'r llong yn trymhau ac yn suddo. I godi i'r wyneb, mae'r dŵr yn cael ei **wthio allan** o'r tanciau, er mwyn gwneud y llong yn ysgafnach.

Shinkai 6500

Gall y llong ymsuddol hon gyrraedd dyfnder anhygoel, gan alluogi gwyddonwyr i ymchwilio'r dŵr dwfn a rhagweld daeargrynfeydd.

Sut mae llongau ymsuddol yn gweithio

Maen nhw'n gweithio'r un fath â llongau tanfor, ond mae'r mwyafrif yn cael eu **rheoli o bell**, gan bobl ar longau sy'n hwylio uwchben. Ychydig iawn sy'n cario pobl.

DSRV

Os bydd llong danfor yn suddo, mae Cerbydau Dŵr Dwfn Brys (DSRV: Deep Sea Rescue Vehicles) yn mynd i helpu'r criw a dod â nhw'n ôl i'r wyneb yn ddiogel.

Nautilus

Y llong danfor gyntaf yn y byd â phŵer niwclear oedd Nautilus a lansiwyd yn 1954. Dyma'r llong gyntaf i gyrraedd Pegwn y Gogledd.

- Tanc yn gollwng dŵr i godi.
- Aer yn chwythu i mewn.
- Tanc yn hofran o dan y dŵr.
- Aer yn cael ei wthio allan.
- Tanc yn llenwi â dŵr i suddo.

DeepFlight

Llongau pleser bach hyn. Gallan nhw 'hedfan' drwy'r dŵr yn gyflym iawn.

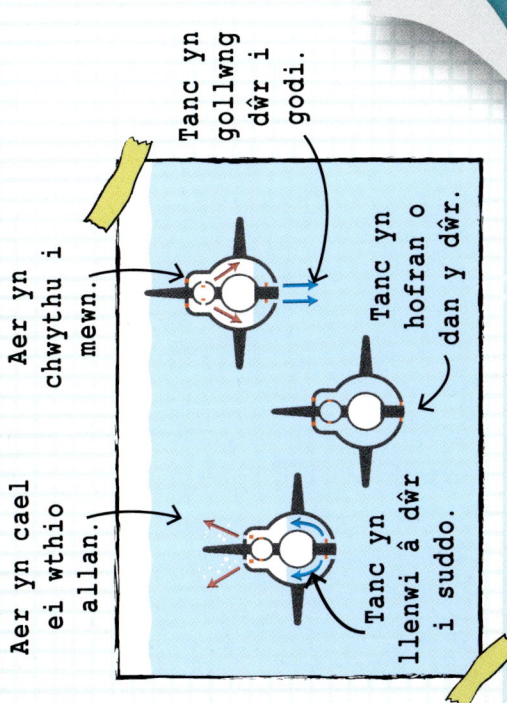

177

Offer arbennig

O wyneb y môr i'r dyfnderoedd tywyllaf, mae dewiniaid technolegol wedi **dyfeisio** pob math o offer syfrdanol i'n helpu i archwilio dyfroedd y byd.

Snorcel

Mae'r **mwgwd** syml hwn a'r **tiwb anadlu** yn helpu pobl i nofio ychydig bellter o dan wyneb y môr a gweld y bywyd gwyllt yn glir.

Snorcel

Fflôt sefydlog yw'r bwi sy'n nodi mannau arbennig yn y môr – man nofio diogel, er enghraifft. Gall bwïau hefyd fonitro'r tywydd a'r tonnau.

Cit sgwba-ddeifio

Mae offer sgwba yn caniatáu i ddeifwyr **archwilio dyfnder** y môr. Mae silindr llawn aer yn eu helpu i anadlu, ac mae'r mwgwd yn eu galluogi i weld o dan y dŵr. Hefyd maen nhw'n defnyddio esgyll i'w helpu i nofio.

Silindr llawn aer

Mwgwd

Esgyll

Sgwba-ddeifiwr

Lloerennau
Mae lloerennau'n cylchu uwchben y Ddaear. Mae gan forwyr offer i dderbyn signalau o'r lloerennau, sy'n eu helpu i lywio'u cychod yn ddiogel drwy'r môr.

Gall GOLEUADAU goleudai ddisgleirio dros FILLTIROEDD LAWER.

← Golau goleudy

Goleudai
Mae goleudai wedi bod yn cyfarwyddo morwyr ers blynyddoedd. Mae'r golau llachar ar ben eu tyrau yn **rhybuddio llongau** rhag tonnau garw neu arfordiroedd creigiog.

Hydroffonau
Gall **microsgopau** tanddwr arbennig, o'r enw 'hydroffonau', synhwyro sŵn o dan y dŵr, a'i chwarae. Gallan nhw glywed cân morfil!

← Hydroffon

Gall gwyddonwyr aros yn ddiogel ar yr wyneb, a gyrru cerbydau sy'n cael eu rheoli o bell i archwilio'r môr, heb neb ar eu bwrdd.

Iwwwweiiiooo

Mapio'r môr

Wrth i dechnoleg wella, mae gwyddonwyr yn ei ddefnyddio i ddarganfod mwy am y môr, a gwneud **mapiau manwl** o wely'r môr.

Labordy ar y môr

Yn 1872, aeth *HMS Challenger*, llong ymchwil Brydeinig, ar daith i **ddysgu mwy** am y môr. Roedd labordy ar ei bwrdd, gyda photeli i gasglu samplau dŵr a rhwydi i ddal creaduriaid.

HMS Challenger

Yn 1882, hwyliodd yr *Albatross* o UDA. Dyma'r llong gyntaf a adeiladwyd gan lywodraeth ar gyfer ymchwil eigionegol.

Y labordy ar fwrdd *HMS Challenger*.

Mordaith *HMS Challenger* oedd cychwyn eigioneg fodern – sef astudiaeth o'r moroedd.

Sbesimen o'r ymchwil gwreiddiol

Roedd gwely'r môr yn ddirgelwch tan ... 1872

Llun sonar o wely'r môr ger Califfornia, UDA.

Llong ymchwil

Mae pobl yn gweithio'n galed i greu mapiau mwy manwl o wely'r môr.

Sonar syfrdanol

Erbyn yr 20fed ganrif, roedd gwyddonwyr yn defnyddio technoleg sonar i ddarganfod **dyfnder y môr**, ac i ddarganfod gwahanol bethau o dan wyneb y môr.

Mae llong yn defnyddio sonar i yrru tonnau sŵn i lawr i wely'r môr.

Mae'r amser mae'n gymryd i'r tonnau sŵn ddod yn ôl at y llong yn dangos pa mor ddwfn yw'r môr.

Yng nghanol yr 20fed ganrif, gwnaeth yr Americanwyr, Marie Tharp a Bruce Heezen, y map manwl cyntaf o wely'r môr.

Dydy'r rhan fwyaf o wely'r môr ddim wedi ei fapio eto!

Mae llawer ohono'n ddirgelwch o hyd!

2021

Darganfyddiadau'r dyfnder

Ers y 19eg ganrif mae gwyddonwyr wedi mentro'n **ddyfnach** i archwilio'r môr. Maen nhw wedi gwneud darganfyddiadau rhyfeddol.

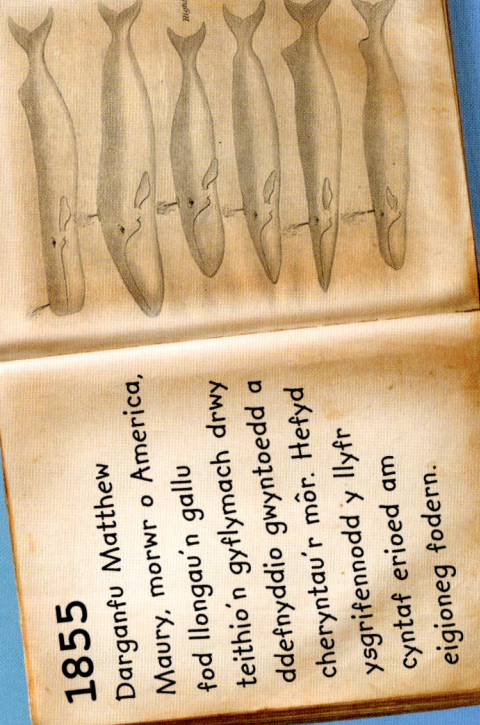

1840
Mesurodd Syr James Clark Ross, nai Syr John Ross, ddyfnder y môr, drwy ddefnyddio rhaff â phwysau arni.

1855
Darganfu Matthew Maury, morwr o America, fod llongau'n gallu teithio'n gyflymach drwy ddefnyddio gwyntoedd a cheryntau'r môr. Hefyd ysgrifennodd y llyfr cyntaf erioed am eigioneg fodern.

1818
Sylweddolodd Syr John Ross, anturiaethwr o'r Alban, fod bywyd yn nyfnder y môr, pan ddaliodd sêr môr a mwydod.

Seren fasged

1841
Archwiliodd y naturiaethwr, Edward Forbes, Fôr y Canoldir. Doedd e ddim yn meddwl fod unrhyw beth yn byw yn is na 548 m (1,800 tr), ond cafodd ei brofi'n anghywir!

1857
Darganfuwyd y dyffryn tanfor cyntaf yn Hafn Monterey, California. Y swyddog Americanaidd, James Aiden, dynnodd sylw at y pant yng ngwely'r môr.

Creadur o'r dyfnder

1868
Darganfu Charles Wyville Thomson, swolegydd o'r Alban, greaduriaid yn byw ymhell o dan wyneb y môr.

1872–76
Darganfu'r llong ymchwil, HMS Challenger, fynyddoedd, ffosydd, a Chefnen Canol Iwerydd – y gadwyn hiraf o fynyddoedd tanddwr yn y byd.

Cefnen Canol Iwerydd

1872
Teithiodd Louis Agassiz, biolegydd o'r Swistir, o gwmpas Gogledd a De America, a chasglu creaduriaid môr ar y ffordd.

1898
Hwyliodd Carl Chun, biolegydd o'r Almaen, dros y moroedd isantarctig a darganfod y fôr-lawes fampir.

1925–27
Tîm o'r Almaen, ar y llong Meteor, wnaeth yr archwiliad manwl cyntaf o Dde Iwerydd.

1930
Aeth yr Americanwyr, William Beebe ac Otis Barton yn ddyfnach i'r môr na neb o'u blaenau. Teithion nhw mewn llong ddŵr ymsuddol a gweld gwahanol greaduriaid môr, gan gynnwys pysgod jeli disglair!

183

Archwilio Ffos Mariana

Ychydig iawn o bobl sydd wedi archwilio'r **man dyfnaf** ar y Ddaear. Mae'r tymheredd yn rhewllyd a gwasgedd y dŵr yn eithafol!

Petaet ti'n GOLLWNG CARREG FAWR i Ffos Mariana, byddai'n cymryd DROS AWR iddi gyrraedd y gwaelod!

Ffos Mariana

Mae'r ffos yn 11,034 m (36,200 tr) o ddyfnder, ac yn gorwedd rhwng Japan ac Awstralia yn y **Cefnfor Tawel**. Mae mor ddwfn, petaet ti'n rhoi Mynydd Everest (y man uchaf ar y Ddaear) i sefyll yn y ffos, byddai ei gopa o'r golwg o dan y dŵr!

Dwfn iawn

Mae ffos danddwr yn ffurfio lle mae dau ddarn o **gramen y Ddaear** yn taro yn erbyn ei gilydd, ac yn cael eu gwasgu i lawr.

Y gramen yn dod at ei gilydd ac yn ffurfio ffos siâp V.

Victor Vescovo, anturiaethwr o America, yw'r person cyntaf i fynd i gopa Mynydd Everest a gwaelod Ffos Mariana.

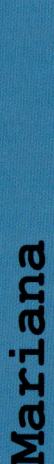

Mae copa Mynydd Everest 8,848 m (29,029 tr) uwchlaw'r ddaear.

184

Ychydig iawn o **deithiau** sydd wedi mentro i ddyfnderoedd Ffos Mariana ...

Taith hanesyddol

Yn 1960, **Jacques Piccard** a **Don Walsh** oedd y cyntaf i ymweld â Ffos Mariana. Teithion nhw mewn llong ymsuddol o'r enw *Trieste*, a chymerodd bum awr i gyrraedd y gwaelod.

Trieste

> Gwelson ni greadur dierth, oedd yn profi fod bywyd yn y dyfnder.
>
> Jacques Piccard

Ar ei ben ei hun

Yn 2012, gwnaeth y cyfarwyddwr fflmiau, **James Cameron**, y ddeif unigol ddyfnaf mewn hanes. Teithiodd mewn llong danfor, o'r enw *Deepsea Challenger*, gan gymryd dwy awr a hanner i gyrraedd y man dyfnaf ar y Ddaear.

Deepsea Challenger

Tynnodd James Cameron luniau a chasglu samplau o waelod y ffos.

Yn ôl i'r Ffos

Yn 2019, teithiodd **Victor Vescovo** i waelodion Ffos Mariana ar long ymsuddol o'r enw *Limiting Factor*. Aeth yn ddyfnach na neb arall, a darganfod creaduriaid, gan gynnwys amffipodau, sy'n edrych fel berdys, a'r mwydyn llwy. Mae wedi bod yn ôl yno sawl gwaith ers hynny.

Limiting Factor

Mae llygredd plastig hyd yn oed ar waelod Ffos Mariana.

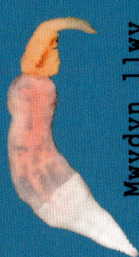

Amffipod

Mwydyn llwy

185

Mynyddoedd tanddwr

Mae llawer o fynyddoedd o dan y môr. Mae'r **môr-fynyddoedd** hyn yn creu cynefin iach i fywyd y môr.

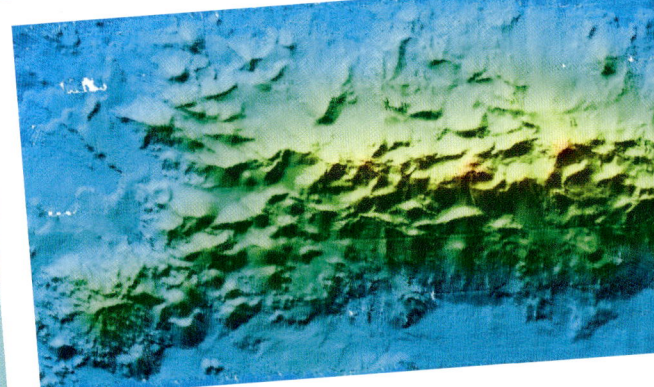

Llun lloeren o Fôr-fynydd Davidson

Gall lloerennau ddatgelu'r môr-fynyddoedd uchaf. Rhaid defnyddio sonar i ddarganfod y rhai llai.

Beth yw môr-fynydd?
Mynyddoedd tanddwr sy'n codi o wely'r môr yw môr-fynyddoedd. Maen nhw'n fawr, ond dydyn nhw ddim yn codi uwchben y dŵr.

Ceryntau'r môr

Wyddon ni ddim faint o fôr-fynyddoedd sydd o dan y dŵr.

Mae ceryntau'r môr yn chwyrlïo o gwmpas y môr-fynyddoedd ac yn dod â maeth i fwydo creaduriaid y môr.

Mae môr-fynydd yn helpu anifail sy'n mudo i adnabod ei gynefin.

LLOSGFYNYDDOEDD MARW yw'r mwyafrif o fôr-fynyddoedd,

Môr-fynydd Davidson

Mae môr-fynydd enfawr ger arfordir **Califfornia, UDA**. Mae Môr-fynydd Davidson yn 2,279 m (7,480 tr) o daldra, ond mae ei gopa yn dal o dan y dŵr.

Yn 2002 a 2006 aeth timau i astudio bywyd ar Fôr-fynydd Davidson.

Hanes môr-fynydd

Llosgfynydd marw yw Davidson. Dyw e ddim wedi ffrwydro ers bron **10 miliwn o flynyddoedd**. Cafodd y llosgfynydd ei ddarganfod yn 1933.

Darganfuon nhw erddi cwrel hyfryd a 27 math o gwrel môr-dwfn, gan gynnwys cwrel gwm cnoi.

Casglodd peiriannau pell-reoli samplau o gwrel a chraig ar gyfer ymchwil gwyddonol.

Mae'n hwyl archwilio môr-fynydd.

Gall cwrel gwm cnoi ar Fôr-fynydd Davidson dyfu i dros 2.5 m (8 tr) o daldra.

Mae cwrel gwm cnoi yn edrych fel gwm wedi ei gnoi!

felly wnân nhw DDIM FFRWYDRO!

Y tu mewn i lyncdwll

Ar draws moroedd y byd mae pyllau mawr, dwfn, crwn, o'r enw **llyncdyllau morol**.

Y Twll Mawr Glas

Beth yw llyncdwll morol?

I ddechrau, **ogof** ar dir yw llyncdwll morol. Dros amser, mae lefel y môr yn codi a'r ogof yn suddo o dan y dŵr. Yn y diwedd, mae to'r ogof yn disgyn, gan adael **pwll dwfn**, llawn dŵr.

Y llyncdwll morol dyfnaf yw Twll y Ddraig ym Môr De China. Gallai cwmwlgrafwr sefyll yn y twll!

Llyncdwll anferth

Llyncdwll mwya'r byd yw'r **Twll Mawr Glas** yn y Caribî, sy'n denu deifwyr o bob rhan o'r byd. Yn 2018, aeth gwyddonwyr i'w archwilio.

Y Twll Mawr Glas

I gychwyn, gwelodd y criw lawer o **fywyd môr**, gan gynnws cwrel, crwbanod y môr a siarcod.

Cwrel

Crwban y môr

Siarc

Wrth fynd yn ddyfnach, darganfu'r gwyddonwyr haen o ddŵr yn llawn **cemegion peryglus**. Mae hyn yn naturiol a gall ddigwydd pan fydd dŵr croyw a dŵr hallt yn cymysgu.

Gan fod y cemegion mor **wenwynig**, dim ond bacteria oedd yn gallu byw o dan yr haen hon.

Ar y gwaelod, darganfuon nhw gregyn, esgyrn, a hyd yn oed potel bop.

Mae gwyddonwyr yn astudio sut mae'r bacteria ar waelod llyncdwll yn goroesi.

Arwyr y môr

Mae rhai pobl **ddewr** a **chlyfar** wedi herio dirgelion y môr. Dewch i ni gwrdd â nhw.

Anturiaethwraig o America yw **Kathryn Sullivan**. Hi oedd y wraig gyntaf i gerdded yn y gofod, a hefyd y gyntaf i gyrraedd Ffos Mariana – man dyfnaf y môr!

Peilot llong ymsuddol yw'r peiriannydd, **Erika Bergman**, o'r Almaen. Mae wedi gwneud cannoedd o deithiau i'r môr dwfn. Mae hefyd yn cynllunio llongau, llongau tanfor, a llongau ymsuddol.

Treuliodd **Ruth Gates**, gwyddonydd o Gyprus, ei bywyd yn brwydro i achub riffiau cwrel. Darganfu ffordd o helpu cwrelau arbennig i oroesi effeithiau newid hinsawdd.

Defnyddiodd yr eigionwr **Robert Ballard** o America longau ymsuddol i archwilio llongddrylliadau. Fe oedd yn gyfrifol am ddarganfod RMS Titanic, y llong bleser enwog a drawodd yn erbyn mynydd iâ a suddo yn 1912.

Robert Ballard

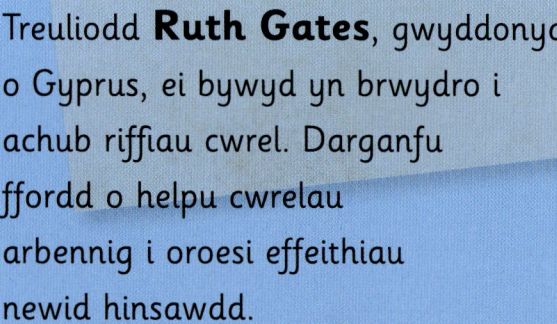

Llongddrylliad RMS Titanic

Mae'r biolegydd môr, **Suneha Jagannathan** o India, yn gweithio i adfer cynefinoedd môr ar draws y byd, ac i amddiffyn yr anifeiliaid sy'n byw yno, fel crwbanod y môr ac aligatoriaid.

Aligator

Yn 1888, **Fridtjof Nansen** oedd y person cyntaf i groesi iâ'r Ynys Las ar sgis. Darganfu'r anturiaethwr hwn o Norwy wybodaeth newydd am rewlifau, ceryntau a hinsawdd.

Yn y 19eg ganrif, creodd botanegydd o Brydain, **Anna Atkins**, y llyfr printiedig cyntaf â ffotograffau. Defnyddiodd dechnegau golau i greu lluniau anhygoel o wymon.

Llysenw **Madison Stewart** yw 'Siarc-ferch'. Cafodd ei magu yn Awstralia, gan ddeifio ar y Barriff Mawr. Mae'n gwneud ffilmiau i annog pobl i warchod siarcod.

Chwaraeon y môr

Pwy sy wedi **torri record** ar y môr? Dewch i ni gwrdd â'r pencampwyr gwych.

Ymunwch yn y parti!

Plymiad arth wen – dyna'r enw am grŵp o bobl sy'n rhedeg i mewn i fôr oer iawn. Rhedodd 1,799 o bobl i'r dŵr ym Mielno, Gwlad Pwyl – y plymiad mwyaf erioed.

Deif ddwfn

Ahmed Gabr wnaeth y ddeif sgwba ddyfnaf yn y byd. Plymiodd dros 332 m (1,090 tr) i mewn i'r Môr Coch.

Cymerodd 12 munud i fynd i lawr, ond 15 awr i ddod i fyny!

Brrrrrrrrr!

Lewis Pugh oedd y cyntaf i nofio o dan haen iâ Antarctica, sy'n toddi. Dim ond gogls, cap nofio a thrywsus nofio oedd amdano. Ar ôl gorffen, roedd ei fysedd bron wedi rhewi'n gorn!

Nofiad hir

Nofiodd **Veljko Rogošić** bron 140 milltir (255 km) ar draws Môr Adria. Cymerodd dros ddau ddiwrnod. Does neb arall erioed wedi nofio mor bell heb esgyll.

Deif rydd

Alenka Artnik biau'r record am y ddeif rydd ddyfnaf erioed gan fenyw, sef deif o 114 m (374 tr) i'r Môr Coch, ger yr Aifft. Deifiodd heb offer anadlu.

Hwylio cyflym

Hwyliodd **y Fonesig Ellen MacArthur** yn ddi-stop o gwmpas y byd mewn 71 diwrnod yn unig — a hynny ar ei phen ei hun!

Pen-blwydd ar y môr

Dathlodd **Maxim Ivanov** ei ben-blwydd yn 17 oed ar y môr. Fe oedd y person ieuangaf i rwyfo ar draws yr Iwerydd. Cymerodd y daith o Bortiwgal i Barbados 105 diwrnod.

Record rhwyfo

Yn 2019, rhwyfodd pedair gwraig o Antigua a Barbuda ar draws yr Iwerydd — y **tîm du** cyntaf i gyflawni'r gamp.

Ton fawr

Mae **Maya Gabeira** wedi syrffio ton uwch nag unrhyw ferch arall. Roedd y don dros 22 m (72 tr) o uchder — taldra pedwar jiráff!

Dal ati!

Roz Savage oedd y ferch gyntaf i rwyfo ar draws yr Iwerydd, y Cefnfor Tawel, a Chefnfor India. Treuliodd dros 500 diwrnod ar ei phen ei hun ar y môr.

Mae'r moroedd yn lle braf i fynd ar wyliau, gwneud campau, a hwylio! Maen nhw hefyd yn ffynonellau pwysig o fwyd ac egni. Ond gallwn ni achosi problemau i'n moroedd anhygoel, felly rhaid i ni ofalu eu **gwarchod** ar gyfer y dyfodol.

Hwyl ar y môr

Mae'r môr yn enfawr, felly mae digon o le i ni gael **hwyl!**
Pa fath o **weithgaredd** wyt ti'n hoffi orau?

Mae **cychod** yn rhoi llawer o hwyl i ni. Mae llongau pleser mawr yn cynnig gwyliau hamddenol, a chychod hwylio bach yn gallu rasio dros y dŵr.

Hwylio dingi

Mae Hawaii, Awstralia a Chalifornia yn llefydd braf i syrffio.

Syrffio

Mae'n braf nofio yn y môr, ond rhaid gofalu peidio â nofio neu arnofio'n rhy bell o'r lan.

Nofio

Padlfyrddio

Mae angen **byrddau** ar lawer o chwaraeon môr. Er eu bod yn edrych yn debyg, maen nhw ychydig yn wahanol i'w gilydd. Mae padlfwrdd yn fflat, er mwyn gallu symud yn llyfn, ond mae hwyl ar yr hwylffwrdd sy'n dal y gwynt.

Hwylfyrddio

Snorcelu

Mae **snorcelu** a **sgwba-ddeifio** yn rhoi cyfle i ni gael golwg go iawn ar greaduriaid y dŵr. Mae'r snorcelwr yn aros yn agos at yr wyneb, ond mae'r sgwba-ddeifiwr yn mynd yn ddyfnach.

Dwi'n defnyddio tiwb i anadlu o dan y dŵr, ond mae sgwba-ddeifiwr yn cario tanc o aer.

Sgwba-ddeifio

Rhaid pasio PRAWF cyn mynd i SGWBA-DDEIFIO.

Gwyliau ar y traeth

Mae **miliynau** o bobl yn heidio i draethau ar draws y byd i fwynhau haul, tywod a môr. Cydia mewn gwisg nofio ac eli haul – ac i ffwrdd â ni i'r traeth!

Mae cychod yn llawn twristiaid yn tyrru i'r bae bychan hwn ar **Zakynthos**, un o ynysoedd Groeg. Mae hen long yn gorwedd ar y tywod, ac mae'r graig yn ymyl y bae yn edrych fel crocodeil mawr yn cysgu yn yr haul.

Cadwyn o ynysoedd hyfryd yng Nghefnfor India yw'r **Maldifau**. Mae'r dyfroedd clir, trofannol a'r bywyd môr anhygoel yn denu llawer o sgwba-ddeifwyr.

Zakynthos

Maldifau

Traeth Copacabana

Ger **Traeth Miami** yn Fflorida, UDA, mae promenadau lle mae pobl yn beicio, sglefrfyrddio a sglefrolio.

Traeth Miami

Mae'r coed palmwydd, sy'n siglo yn y gwynt, a'r tywod gwyn yn gwneud **traeth Copacabana** yn Rio de Janeiro, Brasil, yn boblogaidd dros ben.

Mae syrffwyr wrth eu bodd ar draeth enwog **Bondi** yn Sydney, Awstralia. Mae rhywbeth i'w wneud yma drwy gydol y flwyddyn, gan gynnwys dyddiau gŵyl hwyliog.

Traeth Boulders

Traeth Bondi

Yn ogystal â'r tywod meddal, mae nythfa o bengwiniaid Affricanaidd yn denu ymwelwyr i **Draeth Boulders** yn Cape Town, De Affrica.

Byw o dan y dŵr

Mae **gwyddonwyr** ac **anturiaethwyr** yn hoffi'r syniad o fyw yn y môr. Ond ydy eu cynlluniau wedi gweithio? Beth am i ni weld …

Cynefinoedd tanddwr

Mannau parhaol o dan wyneb y dŵr, lle gall pobl fyw am wythnosau ar y tro, yw cynefinoedd tanddwr. Mae yna ystafelloedd ar gyfer bwyta, gweithio, ymlacio a chysgu.

Tŷ Seren Fôr

Gwlyb a gwyllt

Mae pob math o bethau o dan y dŵr i ddifyrru **twristiaid** a deifwyr …

Mae'r amgueddfa gelf danddwr yn Cancún, Mecsico, yn arddangos dros 600 cerflun ar wely'r môr. Hefyd mae yno oriel o waith celf yn ymwneud ag amddiffyn riffiau cwrel.

Mae swyddfa bost danddwr – yr unig un yn y byd – ger Ynys Hideaway yn y Cefnfor Tawel. Yma gall nofwyr a snorcelwyr yrru cardiau post gwrth-ddŵr.

Gall fod yn beryglus dod yn ôl i'r wyneb, ar ôl treulio amser hir o dan y dŵr. Gall gwasgedd effeithio ar yr ymennydd a'r system nerfol.

Llwyddiant

Yn yr 1960au, cynlluniodd yr anturiaethwr o Ffrainc, Jacques Cousteau, orsafoedd ymchwil tanddwr. **Silindr dur, bach**, ond digon cysurus, oedd y gyntaf. Roedd yno radio a theledu.

Jacques Cousteau

Tŷ Seren Fôr

Gorsaf ymchwil fwyaf Cousteau oedd Tŷ Seren Fôr. Adeiladwyd y tŷ siâp seren ar waelod y Môr Coch. Byddai Jacques a'i dîm yn aros yno am fis i **astudio pysgod** a **mapiau môr**. Roedd ganddyn nhw ddŵr poeth, gwresogyddion, teleffonau a chwaraewyr recordiau.

Yn 2019, agorwyd bwyty tanddwr mwya'r byd yn Norwy. Mae'r ffenestri enfawr yn edrych allan i'r môr.

Dim ond un ganolfan ymchwil barhaol sydd ar ôl erbyn hyn. Ger Florida Keys, UDA, mae canolfan Aquarius Reef, lle mae gwyddonwyr yn gwneud gwaith ymchwil a gofodwyr yn paratoi ar gyfer mynd i'r gofod.

Gweithio ar y tonnau

Mae llawer o bob yn gweithio ger, i mewn, ac ar y môr. Iddyn nhw, mae pob diwrnod yn **antur**!

Llwyfan olew

Cadwraethwr môr
Mae pobl yn niweidio'r blaned mewn sawl ffordd. Mae cadwraethwr yn edrych am ffyrdd i **amddiffyn** yr amgylchfyd.

Peiriannydd môr
Mae peiriannydd yn **datrys problemau** ac yn cynnig syniadau newydd. Gall peiriannydd môr helpu i gynllunio ac adeiladu llwyfan ar gyfer drilio am olew.

Biolegydd môr
Gwaith biolegydd môr yw astudio cartrefi ac ymddygiad **anifeiliaid** a **phlanhigion**.

Microsgop

Fflasg

Deifiwr dŵr dwfn
Anturiaethwr tanddwr yw'r deifiwr. Gall deifwyr nofio'n ddwfn o dan y tonnau, ffilmio pysgod, ac archwilio llongddrylliadau.

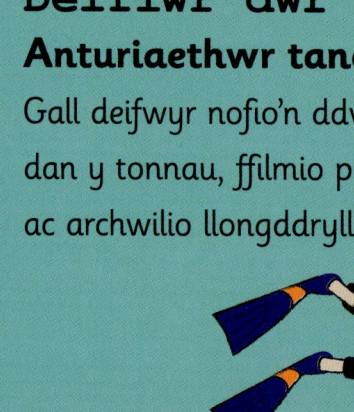

Iâ? Ta ta!

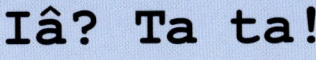

Mae pobl sy'n gweithio i'r Patrôl Iâ Rhyngwladol yn **llusgo mynyddoedd iâ** o ffordd y llwyfannau olew.

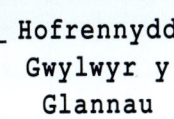

← Hofrennydd Gwyliwr y Glannau

Milfeddyg môr

Pan fydd anifail môr wedi **cael niwed** neu'n **sâl**, daw'r milfeddyg hwn i'w achub!

Pysgotwr

Mae'r pysgotwr yn hwylio i'r môr yn ei gwch i **ddal** pysgod ar gyfer dy ginio di.

Gwyliwr y glannau

Gall y môr fod yn beryglus iawn. Mae gwyliwr y glannau'n **achub pobl** sydd mewn trafferth.

Eigionwr

Mae eigionwr yn defnyddio offer gwyddonol a thechnoleg i astudio'r môr ac i wneud **mapiau** o wely'r môr.

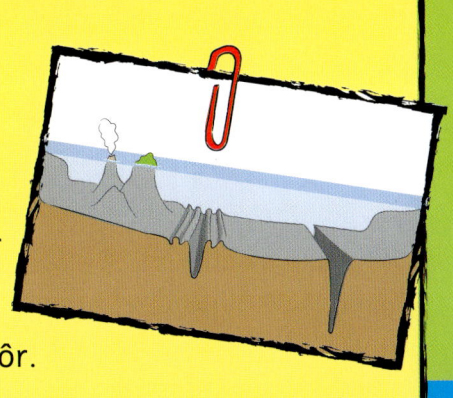

Mecanydd môr

Mae mecanydd môr yn archwilio a **thrwsio** pob math o beiriannau, gan gynnwys cychod bach a llongau enfawr.

Llong ryfel

Achub bywyd ar y môr

Gall y môr fod yn beryglus. Drwy lwc, mae yna bobl sy'n ymdrechu i'w wneud yn **fwy diogel**.

Moroedd peryglus

Pan hwyliodd yr anturiaethwyr cyntaf, roedden nhw'n **mentro'u bywydau**. Roedd y stormydd yn ffyrnig a'u llongau'n fregus. Roedd llawer o'r anturiaethwyr yn methu nofio, ac mewn perygl o foddi. Heddiw, mae achubwyr a gwylwyr y glannau yn cael eu hyfforddi i helpu pobl sydd mewn trafferth ar y môr.

Yn 1708, ar lannau'r afon Yangtze yn China, sefydlwyd yr orsaf achub gyntaf, lle roedd pobl yn cael eu talu am eu gwaith.

Y bad achub cyntaf

Rhaid cael cwch **ansuddadwy** i helpu llong sy'n suddo neu nofiwr mewn trafferth. Adeiladwyd y bad achub cyntaf ar ôl i long suddo i wely'r môr ac i'w chriw i gyd foddi. Cynlluniwyd y bad achub fel rhan o gystadleuaeth.

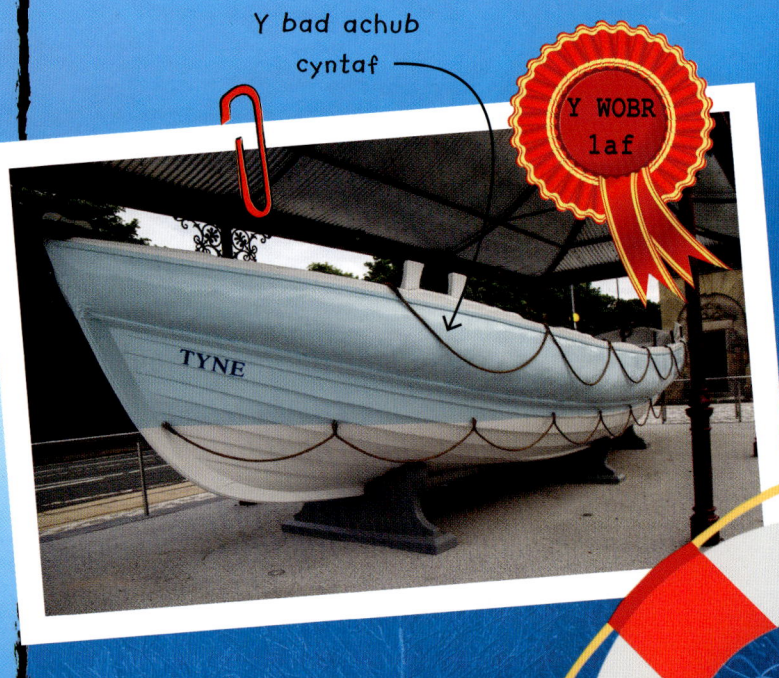

Y bad achub cyntaf

Y WOBR 1af

"Heddiw, mae gan gychod rafftiau rwber pwmpiadwy i'w defnyddio mewn argyfwng."

Y WOBR

Cymerodd William Wouldhave a Henry Greathead ran yn y gystadleuaeth i gynllunio'r bad achub cyntaf. Y wobr oedd 2 gini (tua £2.10 neu $2.91). Allai'r beirniaid ddim penderfynu pwy oedd orau, felly fe ddefnyddion nhw rai o syniadau'r ddau ddyn i greu'r cynllun terfynol. Digiodd William Wouldhave, felly gofynnwyd i Henry Greathead adeiladu'r bad achub. Greathead sy'n awr yn cael y clod am ddyfeisio'r bad achub.

Mynd gyda'r llif

Pan fydd llong yn mynd gyda'r llif, mae'n golygu nad oes neb yn gallu'i llywio na'i chlymu chwaith. Rhwng 1813 ac 1815, llwyddodd Capten Oguri Jukichi o Japan ac Otokichi, un o'i griw, i oroesi ar y llif am **484 diwrnod** cyn cael eu hachub. Dyna'r cyfnod hiraf erioed i unrhyw un grwydro'r môr fel hyn!

Buon nhw'n byw ar ffa soi a dŵr.

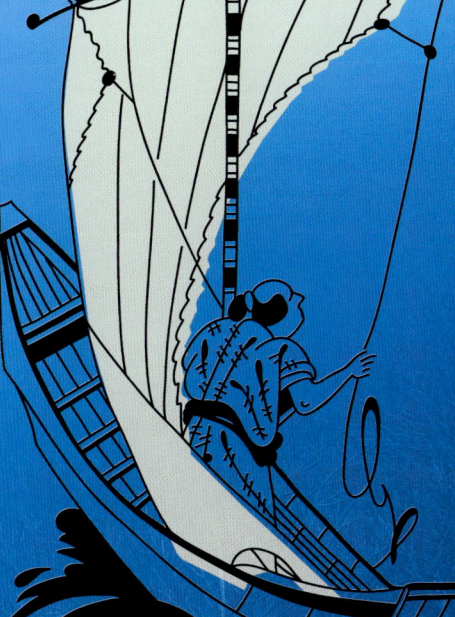

Cario nwyddau

Mae'r moroedd yn brysur iawn! O feddygaeth a mwyngloddio i gludiant a masnach, mae'r moroedd yn cyflenwi **nwyddau** a **gwasanaethau** sy'n helpu pobl ar draws y byd.

Meddyginiaethau gwych

Gall bywyd gwyllt y môr helpu i wneud **meddyginiaethau**. Mae malwod côn wedi helpu i greu cyffur i leddfu poen, ac mae sbwng a chwrel wedi ysbrydoli ffyrdd newydd o drin afiechydon.

Gwymon gwych

Asia sy'n tyfu'r cyflenwad mwyaf o **wymon**. Mae'n fwyd poblogaidd, ac mae ffermwyr yn ei gasglu a'i werthu. Hefyd, defnyddir gwymon fel tanwydd, mewn gwrtaith planhigion, ac mewn nwyddau i ofalu am y croen.

Malwen gôn

Sbwng môr

Gwymon

Mae tyrbinau gwynt yn sefyll yn y môr, a'u llafnau enfawr yn troi yn y gwyntoedd cryf. Maen nhw'n cynhyrchu pŵer, sy'n cael ei droi'n drydan. Ynni adnewyddadwy yw hwn, sy'n golygu na fydd e byth yn dod i ben.

Chwilio am danwydd

Mae **olew** a **nwy naturiol** yn gorwedd ymhell o dan wely'r môr mewn haenau o graig. Rhaid drilio i gyrraedd atyn nhw. Maen nhw'n darparu ffynonellau ynni, ond bydd y tanwydd ffosil hwn yn dod i ben.

Mae llongau nwyddau'n cludo tua 200 miliwn cist bob blwyddyn.

Moroedd hallt

Mae'r môr yn cynhyrchu nifer o **fwynau**, gan gynnwys halen. Ers blynyddoedd lawer, mae pobl sy'n byw ar yr arfordir wedi defnyddio'r dŵr hallt i greu halen bwytadwy.

Mae llongau nwyddau enfawr yn cario llwythi trwm dros y môr, mewn bocsys dur sy'n sefyll ar ben ei gilydd fel briciau.

Mae pysgod, pysgod cregyn a chramenogion yn ffynonellau enfawr o fwyd.

Pan fydd dŵr môr yn cael ei anweddu, gallwn gasglu halen.

Pysgod a ni

Pysgodyn i swper? Iym! Ond beth yw peryglon pysgota, a sut gallwn ni **warchod** ein pysgod am flynyddoedd i ddod?

Y diwydiant pysgod

Mae miliynau o bobl yn ennill eu bywoliaeth drwy bysgota. Mae'r diwydiant byd-eang hwn yn cynhyrchu **tunelli** o fwyd môr bob blwyddyn.

Bwyd môr

Mae bwyd môr yn ffynhonnell bwysig o **brotein** sy'n cadw'n cyrff yn gryf ac yn iach. Mae pysgod seimllyd, fel yr eog, yn gwneud lles i'r ymennydd.

Mae corgimychiaid tempwra yn llawn protein.

Gallwn ni helpu drwy fwyta pysgod y bobl hynny sy'n

Llongau'n llusgo

Mae **treillongau** mawr yn llusgo rhwydi enfawr dros wely'r môr i ddal pysgod. Ond gallan nhw hefyd niweidio gwely'r môr a'r anifeiliaid sy'n byw yno.

Treillong

Gall morfilod, dolffiniaid a chrwbanod y môr fynd yn sownd yn y rhwydi.

! GORBYSGOTA
Mae dros 400 o rywogaethau môr mewn perygl, o achos gorbysgota.

Maen nhw wrthi eto!

Pysgod i'r dyfodol

Mae gorbysgota'n golygu bod gormod o bysgod yn cael eu dal yn rhy gyflym, ac felly mae yna berygl y byddan nhw'n diflannu am byth. Mae **pysgota cynaliadwy** yn gwarchod pysgod. Does dim cymaint yn cael eu dal ar y tro. Mae hynny'n rhoi cyfle iddyn nhw fridio ac i'w nifer gynyddu.

gweithio i **WARCHOD** cynefinoedd a bywyd y môr.

Peryglon y môr

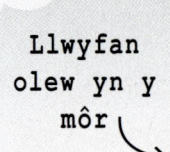

Llwyfan olew yn y môr

Mae **gweithgaredd dynol** yn effeithio ar y môr. Wrth i bobl aflonyddu ar gynefinoedd y môr, mae'r dŵr a'r bywyd gwyllt yn dioddef.

Helô? Oes rhywun yn clywed?

Anifeiliaid mewn perygl

Rydyn ni, bobl, yn peryglu bywydau creaduriaid y môr. Mae llygredd **sŵn** yn ei gwneud hi'n anodd i forfilod llwyd gyfathrebu, a does gan grwbanod y môr ddim lle i nythu, ar ôl **colli eu cynefin**.

Morfil llwyd

Ers blynyddoedd, mae pobl wedi hela morfilod am eu cig, olew, ac esgyrn. Erbyn hyn mae deddfau'n gwahardd hela morfilod.

Drilio

Caiff olew a nwy naturiol eu drilio o wely'r môr. Mae **drilio'n** tarfu ar y cynefin o'i amgylch a'r creaduriaid sy'n byw yno.

Brrrrrrrrr

Tancer olew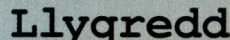

Gollwng olew

Pan fydd tancer olew'n gollwng, mae'r olew'n ymledu drwy'r dŵr, gan lygru'r môr a **niweidio bywyd gwyllt**.

Llygredd

Gall llawer o bethau niweidiol lygru'r môr, gan gynnwys sbwriel a gwrtaith cemegol a ddefnyddir gan ffermwyr. Hefyd gall systemau carthffosiaeth **ollwng** eu cynnwys gwenwynig i'r dŵr.

Mae olew'n glynu wrth blu adar môr, ac yn ei gwneud yn anodd iddyn nhw arnofio. Hefyd gallan nhw lyncu'r olew niweidiol wrth lanhau eu plu.

Treillong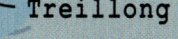

Mae rhwydi'n niweidio cartrefi ar wely'r môr.

Gwneud newidiadau

A dyma'r newyddion da! Mae **deddfau newydd**, yn ogystal â phrosiectau cadwraeth ac ymgyrchoedd, yn helpu i warchod a chynnal y môr.

Newid hinsawdd

Mae ein planed yn **cynhesu** yn gyflymach nag erioed. Rydyn ni, bobl, yn achosi newidiadau i'n planed, ac yn gwneud niwed i'n moroedd.

Mae newid hinsawdd yn achosi

Cynhesu byd-eang

Wrth i ni ddefnyddio adnoddau naturiol, mae nwyon niweidiol yn cael eu gollwng i'r atmosffer. Mae'r nwyon hyn yn dal gwres, ac yn gwneud y byd yn boethach. Cynhesu byd-eang yw'r enw am hyn, ac mae'n achosi trychinebau, fel **tân mewn coedwigoedd**.

Coedwig ar dân

Iâ'n toddi

Wrth i dymheredd y byd godi, mae eira ac iâ'n toddi, a llai o iâ yn ffurfio yn y gaeaf. Mae llawer o anifeiliaid y pegwn yn teithio a hela ar iâ, ond mae'r iâ hwn yn diflannu.

Arth wen

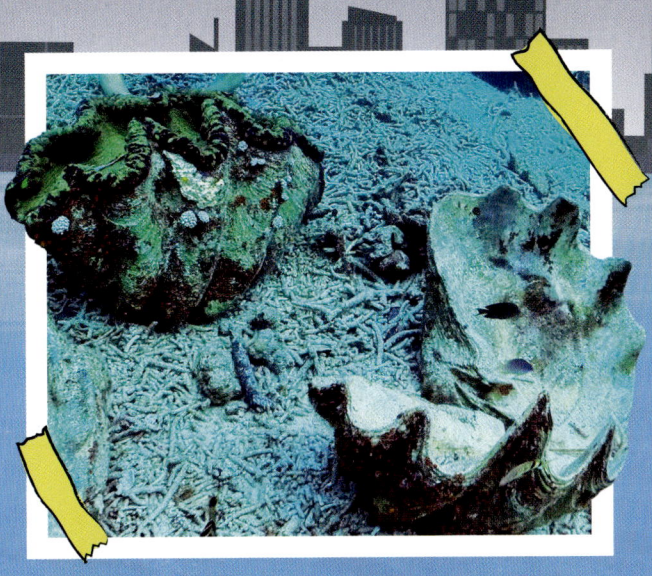

Mae'r môr yn amsugno carbon deuocsid sy'n ei droi'n fwy asidig. O ganlyniad, mae sawl math o bysgod cregyn yn marw.

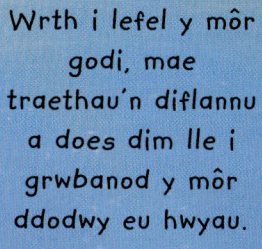

Ble gallwn ni ddodwy wyau?

Wrth i lefel y môr godi, mae traethau'n diflannu a does dim lle i grwbanod y môr ddodwy eu hwyau.

tywydd EITHAFOL, fel SYCHDER a STORMYDD.

Lefel y môr yn codi

Ynys La Digue, Seychelles

Wrth i eira ac iâ ddal i doddi, mae'r dŵr ychwanegol yn gwneud i lefel y môr godi. Felly mae perygl y bydd y môr yn **gorlifo** dros ynysoedd ac arfordiroedd, a'r bobl sy'n byw yno.

Cwrel yn gwynnu

Wrth i'r môr gynhesu, mae cwrel yn dioddef, yn **troi'n wyn** ac yn **marw**. O ganlyniad, mae llawer o greaduriaid môr yn colli eu cartrefi.

Be sy'n bod ar fy nghartref i?

Cwrel wedi gwynnu

Problemau plastig

Bob blwyddyn, mae **miliynau o dunelli** o blastig yn disgyn i'r môr. Mae'n llygru'r dŵr ac yn berygl i anifeiliaid. Ond gallwn ni helpu i wella'r sefyllfa!

Casglu sbwriel

Yn arnofio yng ngogledd y Cefnfor Tawel mae'r Domen Sbwriel Fawr, sef ardal eang yn llawn o **wastraff plastig**. Mae'r ceryntau'n symud mewn cylch, gan wneud i'r sbwriel wasgu at ei gilydd a throi.

Gall creaduriaid môr gael eu dal yn y plastig, neu ei fwyta a mynd yn sâl.

Darnau mân

Mae plastig yn malu, gan ffurfio **microplastigion**, darnau bach tua maint hedyn sesame. Maen nhw mor fach, gall creaduriaid môr eu llyncu. O ganlyniad, mae'r plastig yn dod yn rhan o'n cadwyn fwyd.

Sut i helpu

Mae plastig yn y môr yn broblem frawychus, ond gall pawb helpu i'w **gwella**.

Achub ein moroedd

Mae llawer o bobl yn gweithio'n galed i **amddiffyn** ein planed. O elusennau byd-eang i gymunedau lleol, mae eu gwaith yn ein hysbrydoli i wneud ein rhan.

Ymgyrch Moroedd Glân

Yn 2017, lansiodd y Cenhedloedd Unedig ymgyrch Moroedd Glân, sy'n dod â phobl at ei gilydd i **leihau'r llygredd plastig** yn y môr. Mae pum deg saith gwlad wedi ymuno â'r ymgyrch!

Mae ymgyrch Moroedd Glân yn ein hannog i ailgylchu a pheidio â defnyddio plastig un-defnydd.

Gwarchodfeydd morol

Gwarchodfeydd Morol yw mannau yn y môr lle does **neb yn cael pysgota nac adeiladu**, er mwyn i gynefinoedd tanddwr allu ffynnu.

Mae Gwarchodfa Forol Galápagos yn amgylchynu Ynysoedd Galápagos yn y Cefnfor Tawel. Mae'n un o'r gwarchodfeydd mwyaf o ran maint a mwyaf amrywiol, gyda bron 3,000 o rywogaethau môr.

Mae dros 100 gwlad yn cymryd rhan yng Nghynllun Rhyngwladol Glanhau'r Arfordir. Mae pobl yn casglu sbwriel o draethau ledled y byd.

Diolch yn fawr!

ARDAL DAN WARCHODAETH!

Actifyddion arbennig

Dyma rai o'r bobl sy'n benderfynol o **drwsio ac adfywio** ein moroedd.

Syr David Attenborough

Mae'r naturiaethwr hwn yn caru'r blaned. Mae ei gyfres deledu, *Blue Planet*, wedi tynnu sylw at y problemau sy'n wynebu ein moroedd.

Greta Thunberg

Mae'r ferch ifanc o Sweden yn enwog am ei hymdrechion i atal newid hinsawdd. Mae'n mynnu bod arweinwyr yn gweithredu.

Kristal Ambrose

Sefydlodd yr actifydd hon o'r Caribî Fudiad Plastig y Bahamas i ddarganfod ffyrdd o leihau llygredd plastig yn y môr.

Taith i'r dyfodol

Does neb wedi **archwilio'r** rhan fwyaf o foroedd y byd – hyd yn hyn! Mae llawer mwy i'w ddarganfod, ond rhaid i ni hefyd warchod ein dyfroedd gwych, er mwyn cenedlaethau'r dyfodol.

Llong ymsuddol dŵr dwfn

Gobaith Oceana

Oceana yw'r mudiad rhyngwladol mwyaf sy'n canolbwyntio ar warchod dyfroedd y byd. Y bwriad yw gwarchod **30 y cant** o'r moroedd erbyn 2030.

Mae rhai mudiadau'n gweithio i atal gweithgareddau niweidiol, fel pysgota gwely'r môr mewn ardaloedd dan warchodaeth.

Meddwl am y dyfodol

Mae pobl yn achosi problemau i fywyd y môr. Mae cefnogi prosiectau amgylcheddol a darganfod ffyrdd cynaliadwy o fyw yn hanfodol ar gyfer y dyfodol.

Bywyd ei hun

Mae gwyddonwyr yn archwilio'r gofod i weld a oes bywyd ar blanedau eraill, ond yma ar y Ddaear, wyddon ni ddim yn union ble na sut y dechreuodd bywyd! Mae cliwiau yn y môr, felly mae gwyddonwyr **yn plymio** am atebion.

Gall fod yn anodd archwilio'r môr, oherwydd gwasgedd dŵr dwfn.

Cranc ieti

Yn 2005, darganfuwyd y cranc ieti yn y Cefnfor Tawel.

Rhywogaethau dirgel

Mae'r môr mor fawr, mae'n anodd gwybod **faint** o greaduriaid sy'n byw yno. Yn ôl y gwyddonwyr, mae'n bosib bod 91 y cant o rywogaethau môr heb gael eu henwi na'u darganfod eto.

BOB DYDD
rydyn ni'n darganfod bywyd NEWYDD yn y môr!

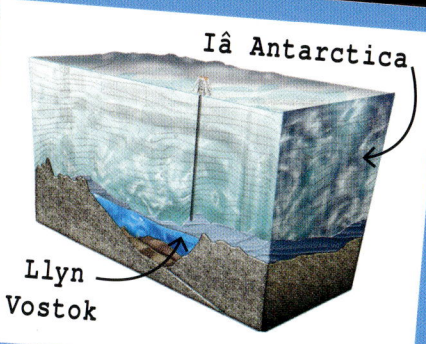

Iâ Antarctica

Llyn Vostok

Rydyn ni'n dal i ddarganfod dŵr. Yn 1996 darganfuwyd Llyn Vostok o dan haenau o iâ Antarctica.

Mynegai

A

aberoedd 92
achub bywyd 203, 204-205
adar 15, 84-87, 90, 93, 95, 112, 117, 126, 141, 167
albatros 15, 87
algâu 61, 134, 135, 142-143, 151
amffipodau 115, 149, 185
anemonïau môr 91, 115, 134, 135
anifeiliaid mewn perygl 210
Antarctica 15, 28, 108, 112-113
Arctig 108, 110-111
archwilio 160-165, 190, 191
arfordiroedd 32-33, 92-93
Atlantis 175

B

badau achub 204-205
Barriff Mawr 101, 191
berdys 49, 81, 115, 134, 135, 145, 152
bwïau 178
bwystfilod 174, 175
bywoleuni 150-151

C

cadwraeth 190, 191, 202, 215, 216-217, 218
campau chwaraeon 192-193
Cefnfor Arctig 13, 15, 80, 81, 110-111
Cefnfor India 13, 15, 34
Cefnfor Iwerydd 12, 14
Cefnfor Tawel 12, 14
Cefnfor y De 13, 15
ceffalopodau 52
ceryntau 28-29, 93
cimerâu 73
cimychiaid 47, 49, 136
ciwcymber y môr 45, 115, 122
Cludfelt Byd-eang 28
clust fôr 47
cocos 51
copepodau 39
corsydd halen 93
corwyntoedd 14, 34
cramenogion 48-49
crancod 14, 31, 46, 48-49, 90, 91, 94, 127, 135, 219
creaduriaid gwenwynig 41, 42, 56, 57, 72, 130, 144, 146, 147
cregyn 46-47, 49, 50, 56
cregyn cylchog 47, 50, 51, 105
cregyn deuglawr 50-51
cregyn gleision 51, 90
cregyn llong 49, 90, 131, 135
cril 38, 49, 112, 138, 145

crocodilod 58, 94
crwbanod y môr 46, 58, 60-61, 103, 116, 128-129, 131, 210, 213
cuddliw 68, 85, 135, 148-149
cwrel a riffiau cwrel 15, 22, 100-103, 134, 187, 190, 206, 213
cyfathrebu, anifeiliaid 152-153, 156
cyflogaeth 202-203, 208-209
cylch dŵr 18-19
cynefinoedd tanddwr ar gyfer pobl 200-201

D

deifio 23, 178, 183, 185, 189, 192, 193, 197, 202
diwydiant pysgota 203, 208-209
diwydiant ynni 207, 210
dolffiniaid 74-75, 113, 133, 153, 154-155, 156
draenogod môr 45, 91, 99, 103, 148
dreigiau môr 67, 68-69, 148
dwgong 15, 97
dŵr ar y Ddaear 10-11, 13, 17
dŵr croyw 17, 92
dŵr hallt 16, 17, 92, 207
dyfrgwn 99, 118, 131, 157

E, F, Ff

ecinodermiaid 45
ecoleoli 155
eigioneg 176-177, 179, 180-185, 201, 203
eira môr 118

eirth gwyn 81, 110, 141, 212
eogiaid 137
erydiad 32-33, 104
eryrod 86
fentiau hydrothermol 23, 176
fflatiau llaid 92, 93
Ffordd Sidan 162-163
Ffos Mariana 22, 184-185, 190
ffosilau 21, 62, 167
ffosydd 22, 115, 184-185, 190

G
Galápagos, Ynysoedd 14, 24, 167, 216
garwbysgod 72
gastropodau 56
geneuau gwrychog 118
glannau môr 90-91
gobïod 64, 134
goleudai 179
gordyfiant algâu 143
gwarchodfeydd morol 216
gwastadedd gwaelodol 22
gweithgareddau hamdden 196-199
gwely'r môr 22-23, 181
gwylanod 86
gwyliau glan môr 198-199
gwymon 98-99, 117, 191, 206

H, I
heigiau 132-133
hinsawdd 19, 29
hwylbysgod 130
iâ, capanau 17
iâ, silffoedd 108
ichthyosor 20
igwana 14, 59

infertebratau morol 20, 40, 52
isopodau 123

L, Ll
lagwnau 93
lampreiod 65
lefelau môr yn codi 213
llanw'r môr 30-31, 91, 93
llau môr 47
llethr cyfandirol 22
llewbysgod 103, 147, 149
llifogydd 34, 213
lloerennau 179, 186
llongau a chychod 161, 168-169, 181, 196, 204-205, 207, 209, 211
llongau tanddwr 176-177, 185
llongau ymsuddol 176-177, 185, 190
llongddrylliadau 14, 107, 170-1, 190
llosgfynyddoedd 21, 23, 25
llygredd 210, 211, 214-215, 216, 217
llyncdyllau 188-189
llysywod 115, 136

M
Maldifau 15, 24, 198
malwod a gwlithod môr 56-57, 91, 206
mamaliaid morol 20, 74-81, 97, 133
manatïaid 97, 174
mangrofau 94-95

marlin glas 137
masnach 160, 162-163, 171
megalodon 21
molysgiaid 50
Môr Marw 16
morfeirch 66-67, 96, 98
morfilod 10, 23, 76-81, 110, 113, 115, 127, 133, 135, 138-139, 145, 156, 210
morfilod cefngrwm 77, 138-139, 145
morfilod glas 10, 78-79
môr-forynion 174
môr-fynyddoedd 23, 186-187
morgathod 65, 72, 73, 103, 146
môr-ladron 170, 172-173
morlewod 83, 99, 127, 152
môr-lewys 52-53, 81, 113, 114, 115, 119, 183
morloi 15, 82, 83, 111, 113, 133, 136, 141
moroedd hynafol 20-21
môr-uncyrn 80-81, 110, 141
morwellt 61, 96-97
môr-wenoliaid y gogledd 87, 141
môr-wiail, fforestydd 98-99
mwydod 39, 105, 121, 122, 185
mynyddoedd iâ 13, 15, 109, 203

N, O
nadroedd môr 59, 102
neidwyr mwd 95
newid hinsawdd 111, 212-213, 217
nwyddau a gwasanaethau 206-207

octopysau 22, 47, 52, 53, 54-55, 103, 115, 120, 131, 146, 148, 157
ogofâu a bwâu môr 33, 188
opäod 65
orca 111, 141, 156

P
parth canol nos 115, 120-121
parth gwaelodol 115, 122-123
parth Hades 115, 123
parth heulog 114, 116-117
parth llwydolau 114, 118-119
pelicanod 87
pengwiniaid 84-85, 112, 126, 199
pib-bysgod 67, 97, 127
pinnipedau 82-83
plancton 38, 39, 114, 118, 135, 138, 140, 142-143, 151
plastig, llygredd 214-215, 216, 217
pyllau glan môr 31, 91
pysgod 17, 62-73, 95, 102, 103, 112, 114, 115, 116, 117, 118, 119, 121, 123, 126, 127, 130, 132-133, 134, 135, 137, 140, 146, 147, 149, 150, 151, 152, 153
pysgod cartilagaidd 65
pysgod esgyrnog 64
pysgod heb ên 65
pysgod hedegog 64
pysgod iâ 112
pysgod jeli 42-43, 114, 115, 130, 144, 150,151, 183
pysgod saethwyr 95
pysgod yr haul 64, 114, 117

R, Rh
riffiau 22, 100-107
rhewlifau 17
rhwydwaith fwyd 140-141

S
sbyngau 40-41, 103, 206
seiclonau 34
seirenau 175
sêr môr 17, 44-45, 91, 146
sgafell gyfandirol 22
sgalops 51
siarcod 21, 65, 70-71, 98, 103, 114, 116, 137, 142, 144, 153, 191
siarcod mawr gwyn 71, 137
sonar 154-155, 181
syrffio 27, 107, 193, 196, 199

T
tiwna 62-63, 119
Tomen Sbwriel Fawr y Cefnfor Tawel 214
tonnau 26-27, 32-33
trilobitiaid 20, 21
trobyllau 35
tswnamïau 15, 27, 35
tywydd 19

W, Y
walrysod 82
wystrys 50, 104
ymchwil gwyddonol 166-167, 176-177, 179, 180-185, 201, 202
ymfudiadau 87, 119, 136-139
ymlusgiaid morol 20, 58-61
ynysoedd 12, 14, 15, 23, 24-25, 151, 198
Yonaguni, Cofeb 33
ystifflogod 52, 145, 148, 149

Cydnabyddiaethau

Dymuna'r cyhoeddwr ddiolch i'r canlynol am eu hawl caredig i ddefnyddio eu ffotograffau:

(Allwedd: u-uwchben; g-gwaelod; c-canol; e-eithaf; ch-chwith; dd-dde; t-top)

1 123RF.com: lattesmile (gdd/fishes); Wilfred Marissen (tc). **Alamy Stock Photo:** blickwinkel / Mildenberger (cchu). **Dreamstime.com:** Luna Vandoorne Vallejo / Lunavandoorne (gch); Tetiana Saranchuk (c/Seagull); Ylivdesign (gdd). **Shutterstock.com:** Eva Speshneva (c). **2 123RF.com:** lattesmile (gdd). **Alamy Stock Photo:** Brent Stephenson / Nature Picture Library (cddu). **Getty Images / iStock:** GeorgePeters (cddg). **naturepl.com:** Doug Perrine (tc). **3 123RF.com:** hatza (tc). **naturepl.com:** Gary Bell / Oceanwide (g). **4 Dreamstime.com:** Viacheslav Dubrovin (gch). **4-5 Alamy Stock Photo:** Norbert Probst / imageBROKER (gc). **5 123RF.com:** annaguz (gc). **Alamy Stock Photo:** Tony Wu / Nature Picture Library (tc). **6 Alamy Stock Photo:** Blue Planet Archive JCO (cchg). **Dreamstime.com:** Kharlamova (gc). **6-7 123RF.com:** Prapan Ngawkeaw (g). **7 123RF.com:** vilainecrevette (cdd). **Alamy Stock Photo:** Nature Picture Library (gch). **Dreamstime.com:** Kharlamova (cg). **naturepl.com:** Sue Daly (gc). **8 Alamy Stock Photo:** Brent Stephenson / Nature Picture Library (tch). **Dreamstime.com:** Kharlamova (c, gdd); Alexey Martynov (cu); Ponomarevaekaterina2015 (cg). **9 Shutterstock.com:** zabavina (cu). **10 Dreamstime.com:** Ponomarevaekaterina2015 (gc); Cat Vec (gch). **10-11 123RF.com:** 1xpert. **12 123RF.com:** Liliia Khuzhakhmetova / lilkin (cu, cddu, gc); macrovector (cdd). **Dreamstime.com:** Ernest Akayeu (c/syrffio); Luciano Mortula (c); Olga Samorodova (c/cartŵn). **13 123RF.com:** Liliia Khuzhakhmetova / lilkin (c/cargo, cdd, cchg/cargo, cg/cargo); macrovector (cch/cartŵn). **Dreamstime.com:** Ernest Akayeu (cchg); Jemastock (cchu); Rimma Z (cu); Dzianis Martynenka (cch); Antoniosantosg (c); Godruma (cg). **14 123RF.com:** Alhovik (c). **Dreamstime.com:** Sabelskaya (gc); Michael Zysman (tc/Iguana). **naturepl.com:** Solvin Zankl (cdd). **Shutterstock.com:** 6x6x6 (tc); zabavina (gch). **15 Alamy Stock Photo:** Brent Stephenson / Nature Picture Library (cdd). **Dreamstime.com:** Christopher Wood / Chriswood44 (tch); Mutabor5 (cchu). **Shutterstock.com:** 6x6x6 (gc); Voropaev Vasiliy (c). **16 Dreamstime.com:** Borlili (cchg). **18 Dreamstime.com:** Kenm (gch); Melonstone (cg). **18-19 123RF.com:** (t). **19 123RF.com:** bakai (cchg); Mark Bowden (cg); mihtiander (cdd). **Dreamstime.com:** Janos Gaspar (cchg/Girl). **20 Dreamstime.com:** Daniel Eskridge (gdd); William Roberts (gch). **21 Dreamstime.com:** Mark Turner (gc). **22 123RF.com:** annaguz (cu). **Dreamstime.com:** John Anderson (cg); Kharlamova (cdd); Microvone (cchg, gc). **23 123RF.com:** annaguz (cu). **Alamy Stock Photo:** FB-Fischer / imageBROKER (tch); Jaime Franch Travel Photo (cdd). **Dreamstime.com:** Artur Balytskyi (gch); Jacklooser (cg); Kharlamova (tc); Ylivdesign (gdd). **Science Photo Library:** Georgette Douwma (tc/Deep sea vents). **Shutterstock.com:** Eduard Radu (c). **24 123RF.com:** Robert McIntyre (cdd). **Shutterstock.com:** Yongyut Kumsri (cch). **24-25 123RF.com:** lattesmile (g); Prapan Ngawkeaw (g/Sand). **25 123RF.com:** epicstockmedia (cdd). **Alamy Stock Photo:** David Fleetham (tdd); Richard Cummins / robertharding (cchg). **Shutterstock.com:** Eva Speshneva (cu). **26 Alamy Stock Photo:** Ann Cutting (cg); Michael David Murphy (cg/port). **Shutterstock.com:** pimpisan02 (cddg). **26-27 123RF.com:** Prapan Ngawkeaw (cg). **27 Alamy Stock Photo:** Grant Taylor (tch). **Dreamstime.com:** Yuliya Rudenko (gdd). **28-29 123RF.com:** Evgeni Bobrov (g). **29 123RF.com:** Liliia Khuzhakhmetova / lilkin (cu). **Alamy Stock Photo:** UrbanLife / Stockimo (tdd). **30-31 123RF.com:** annaguz (g). **Dreamstime.com:** Astrofireball; Cornelius20 (cu); Vaclav Volrab (c); Microvone (g/Seaweeds); Alison Gibson (g/Line). **31 123RF.com:** annaguz (cu). **32 Alamy Stock Photo:** John Richmond (gc). **Dreamstime.com:** 64samcorp (tch, tdd); Anna Cinaroglu (gdd). **33 123RF.com:** Ruslan Nassyrov (gc). **Alamy Stock Photo:** James Osmond Photography (gch); Michael Pitts / Nature Picture Library (tdd). **Dreamstime.com:** Alisali (cchu/chalk); Lehuishi (cchu); Carafoto (tc); Nataliia Velishchuk (cddu). **34 123RF.com:** Alhovik (tdd). **Dreamstime.com:** Lavizzara (cch). **34-35 123RF.com:** Eero Oskari Porkka (c). **35 Alamy Stock Photo:** Olaf Krüger / imageBROKER (cchu). **Dreamstime.com:** Andrey Armyagov (gch); Paul Topp / Nalukai (cdd). **36-37 naturepl.com:** Doug Perrine (cu). **Shutterstock.com:** zabavina (t). **36 123RF.com:** lattesmile (c). **Dreamstime.com:** John Anderson (cg); Dongfan Wang / Tabgac (cdd). **naturepl.com:** Gary Bell / Oceanwide (gc). **37 Alamy Stock Photo:** Reinhard Dirscherl (gch). **Dreamstime.com:** Kotomiti_okuma (c). **38 123RF.com:** Richard Whitcombe / whitcomberd (g). **Alamy Stock Photo:** Science History Images (cddu). **Dorling Kindersley:** Natural History Museum, London (cchg). **39 Alamy Stock Photo:** Solvin Zankl / mauritius images GmbH (cchu); Andrey Nekrasov / imageBROKER; Paul R. Sterry / Nature Photographers Ltd (gdd). **40 Alamy Stock Photo:** Norbert Probst / imageBROKER (cdd). **Dreamstime.com:** John Anderson (cch). **40-41 123RF.com:** Vadym Kurgak. **Dreamstime.com:** Pavel Naumov (tc); Seadam (g). **41 Alamy Stock Photo:** lcrms (tc). **naturepl.com:** David Shale (tdd). **42 Science Photo Library:** Kelvin Aitken, VW Pics (dd). **43 Alamy Stock Photo:** Everett Collection Historical (gdd); Tony Wu / Nature Picture Library (cg). **Dreamstime.com:** Showvector (gch). **naturepl.com:** Brandon Cole (cchg); Nick Hawkins (tch); Alex Mustard (tdd); Magnus Lundgren (cddg). **Science Photo Library:** M.P. O'Neill (cg/Cannonball Jellyfish). **44 Dreamstime.com:** Elisei Shafer (cchg). **45 Alamy Stock Photo:** blickwinkel / F. Hecker (cchu); Sue Daly / Nature Picture Library (tc). **46 Dreamstime.com:** Shane Myers (gdd). **47 123RF.com:** Iuliia Grebeniukova / SolntseRA (cg). **Dreamstime.com:** Jianghongyan (cchg). **48 Dreamstime.com:** Liliia Khuzhakhmetova / lilkin (cddu). **48-49 Alamy Stock Photo:** WaterFrame (c). **49 123RF.com:** natchapohn (gc). **Alamy Stock Photo:** Xinhua (c). **Dorling Kindersley:** Natural History Museum, London (gdd). **50 Dreamstime.com:** Jianghongyan (cchu); Valentyn75 (cddg). **50-51 Dreamstime.com:** Allexxandar. **51 123RF.com:** Hans Geel (cu). **Dorling Kindersley:** Natural History Museum, London (cchu). **Dreamstime.com:** Ethan Daniels (gdd); Yodsawaj Suriyasirisin (gch). **52 123RF.com:** annaguz (tdd). **Dreamstime.com:** Skypixel (cddg). **naturepl.com:** Doug Perrine (tch); David Shale (gdd). **52-53 Dreamstime.com:** Blueringmedia. **53 Alamy Stock Photo:** Mark Conlin (tch). **Shutterstock.com:** Sunnydream (cg). **54-55 Dreamstime.com:** Seadam (t). **naturepl.com:** Sue Daly. **55 Alamy Stock Photo:** Jeff Rotman / Nature Picture Library (tch). **Dreamstime.com:** Aleaders (cdd). **naturepl.com:** Brandon Cole (gch). **56 Alamy Stock Photo:** David Massemin / Biosphoto (cddg); blickwinkel / Mildenberger (cg). **Science Photo Library:** Alexander Semenov (cdd). **56-57 Dreamstime.com:** Seadam. **57 naturepl.com:** Pascal Kobeh (cddu); Doug Perrine (cchg). **Shutterstock.com:** unterwegs (cddg). **58 Alamy Stock Photo:** Anup Shah / Nature Picture Library (gch). **Dorling Kindersley:** Natural History Museum, London (cchu). **Dreamstime.com:** Cmeili87 (cdd). **Getty Images / iStock:** danilovi (cddg). **59 Alamy Stock Photo:** Reinhard Dirscherl (cch, gdd); Doug Perrine (gch). **Dreamstime.com:** Donyanedomam (cddu). **60 Dreamstime.com:** Fireflamenco (gch, gdd). **60-61 naturepl.com:** Pete Oxford. **61 123RF.com:** lattesmile (c, cchg). **Dreamstime.com:** Viacheslav Dubrovin (cdd); Fireflamenco (gch). **Getty Images:** M.M. Sweet (tch). **naturepl.com:** Doug Perrine (cu). **62 Dorling Kindersley:** Natural History Museum (gch). **62-63 Dreamstime.com:** Lunamarina. **64 Dreamstime.com:** Alexey Martynov (tdd). **Shutterstock.com:** Good luck images (cddu); Kaschibo (gch); MyImages - Micha (gdd). **64-65 Dreamstime.com:** Andreykuzmin. **65 Dreamstime.com:** Alexey Martynov (tc); Dongfan Wang / Tabgac (cchu); Iryna Verhelesova (cg). **naturepl.com:** Ralph Pace (gch). **Shutterstock.com:** Gena Melendrez (cdd); Vovantarakan (cg/lamprey river). **67 Alamy Stock Photo:** Alex Mustard / Nature Picture Library (cchu). **naturepl.com:** Franco Banfi (cddu); Tony Wu (cddg). **68-69 Dreamstime.com:** Andreykuzmin. **68 naturepl.com:** Norbert Wu (gdd). **69 naturepl.com:** Gary Bell / Oceanwide (c). **70 Alamy Stock Photo:** Marty Snyderman / Stephen Frink Collection (gdd). **Dreamstime.com:** Vladvitek (cchg). **71 Alamy Stock Photo:** Blue Planet Archive JMI (cchg). **Dorling Kindersley:** Natural History Museum (cdd). **72-73 123RF.com:** Olga Khoroshunova (t). **72 Alamy Stock Photo:** Blickwinkel / F. Hecker (gc); Reinhard Dirscherl (cddu); Wildlife Gmbh (c). **73 Alamy Stock Photo:** Josef Beck / imageBROKER (cu); Michael Wood / Stocktrek Images (gch). **FLPA:** Norbert Wu / Minden Pictures (cddg). **74 Dreamstime.com:** Kharlamova (gch). **74-75 Alamy Stock Photo:** Martin Strmiska. **75 123RF.com:** Willyambradberry (gdd). **Dreamstime.com:** Blue Ring Education Pte Ltd (cddu). **Science Photo Library:** Christopher Swann (tch). **Shutterstock.com:** Eva Speshneva (cu). **76 123RF.com:** Witold Kaszkin (tch). **Alamy Stock Photo:** WaterFrame_fba (cg). **Dreamstime.com:** Luna Vandoorne Vallejo / Lunavandoorne (cchg); Nataliia Velishchuk (cddg). **77 Alamy Stock Photo:** Andrey Nekrasov / imageBROKER (cg). **naturepl.com:** Martin Camm / Carwardine (gc); Doug Perrine (tc). **78 Alamy Stock Photo:** Jean-Paul Ferrero / AUSCAPE / Auscape International Pty Ltd (cchg). **78-79 Alamy Stock Photo:** Franco Banfi / Nature Picture Library (c). **79 Alamy Stock Photo:** Mark Carwardine / Nature Picture Library (tch). **80-81 Alamy Stock Photo:** Dotted Zebra. **81 123RF.com:** alfadanz (cddg, g); natchapohn (cdd). **Dreamstime.com:** Planetfelicity (cchu). **82 Dreamstime.com:** Vladimir Melnik / Zanskar (cddu). **Fotolia:** Vladimir Melnik (gdd). **83 Alamy Stock Photo:** Sylvain Cordier / Biosphoto (cdd). **Getty Images / iStock:** pum_eva (cddu); slowmotiongli (g); Michael Zeigler (cu). **84-85 Dorling Kindersley:** Frank Greenaway (c, gc). **Dreamstime.com:** Leonello Calvetti / Leocalvett. **85 Dreamstime.com:** Rizikpic (gch); Willtu (cu). **Getty Images:** Fuse (cddu). **86 Alamy Stock Photo:** Andy Trowbridge / Nature Picture Library (gc). **Dreamstime.com:** Donyanedomam (cch). **Shutterstock.com:** zabavina (cddu). **87 123RF.com:** Wilfred Marissen (gdd). **Alamy Stock Photo:** Tui De Roy / Nature Picture Library (t); Brent Stephenson / Nature Picture Library (cg). **Shutterstock.com:** zabavina (gch). **88 123RF.com:** natchapohn (cchg). **Dreamstime.com:** Alexander Shalamov / Alexshalamov (cch); Vectorikart (gch); Denis Dubrovin / Denisdubrovin (tdd); Izanbar (cdd). **88-89 Dreamstime.com:** Allexxandar. **89 Getty Images / iStock:** Grafner (g). **naturepl.com:** Flip Nicklin (cddu). **90-91 123RF.com:** Prapan Ngawkeaw (g). **90 123RF.com:** Roman kalnenko (gc). **Alamy Stock Photo:** Gregory Gard (c). **Dreamstime.com:** Andreistanescu (cchg); Donyanedomam (tdd); Frank Fichtmueller (cchu); Rafal Stachura (cg); Callum Redgrave Close (gch). **91 Alamy Stock Photo:** Melba Photo Agency (cg/seren fôr); Nature Picture Library (cchg). **Getty Images / iStock:** clintscholz (cdd). **naturepl.com:** Flip Nicklin (cch); Kirkendall-Spring (cg); Jeff Rotman (cddg). **Science Photo Library:** Simon Fraser (tch). **92 123RF.com:** lynxtime (tc). **Alamy Stock Photo:** James Osmond (gch). **93 Alamy Stock Photo:** Mark van Veen / Buiten-Beeld (cch); Clarence Holmes Wildlife (c); De Meester Johan / Arterra Picture Library (gch); Ernie Janes (gch/Marshes). **Dreamstime.com:** Supertrooper / alex (egch); Javarman (gdd). **94 123RF.com:** Engdao Wichitpunya (g). **94-95 Dreamstime.com:** Seadam. **95 123RF.com:** feathercollector (cu). **Alamy Stock Photo:** Jurgen Freund / Nature Picture Library (tdd). **Dreamstime.com:** Leung Cho Pan / Leungchopan (gch). **96 Dreamstime.com:** Vectorikart (gdd). **96-97 Alamy Stock Photo:** Stephen Frink / Stephen Frink Collection (cu). **Dreamstime.com:** Vladimir Surkov / Surkov_vladimir (t). **97 Alamy Stock Photo:** Blue Planet Archive JCO (t); Francis Abbott / Nature Picture Library (gc); Frank Hecker (gdd). **Dreamstime.com:** Seadam (cch). **98-99 naturepl.com:** Flip Nicklin. **99 Dreamstime.com:** Izanbar (c). **naturepl.com:** Suzi Eszterhas (gdd); Ralph Pace (tdd). **100-101 Dreamstime.com:** Seadam (cg). **100 Alamy Stock Photo:** Howard Chew (gch). **Dreamstime.com:** Jemma Craig (cchg). **101 Dreamstime.com:** Deborah Coles (gdd); Ten Theeralerttham / rawangtak (cddg); Wirestock (cchg). **Getty Images:** Daniel Osterkamp (cdd). **102 123RF.com:** Olga Khoroshunova / goodolga (gc). **Dorling Kindersley:** Linda Pitkin (gc/flatworm, gc/Feather star). **Dreamstime.com:** Jeremy Brown (gdd); Mrhanson (cchu). **Getty Images / iStock:** vlad61 (ch). **103 Dorling Kindersley:** Jerry Young (cchu, cg). **Dreamstime.com:** Alexander Shalamov / Alexshalamov (cddu); Kevin Panizza / Kpanizza (cdd); Petr Zamecnik (gc). **Getty Images / iStock:** Ultramarinfoto (gdd). **104-105 Getty Images / iStock:** RomoloTavani. **104 Alamy Stock Photo:** Norbert Probst / imageBROKER (gch). **Getty Images / iStock:** PongMoji (cdd). **105 Alamy Stock Photo:** Marevision / agefotostock (gch); J.W.Alker / imageBROKER (cu). **Dreamstime.com:** Seadam (cdd). **106 123RF.com:** lynxtime (cddu). **Alamy Stock Photo:** Joseph C. Dovala / agefotostock (g); Paulo Oliveira (cdd). **107 Alamy Stock Photo:** Helmut Corneli (g); Jeff Milisen (cdd). **FLPA:** Imagebroker,Helmut Corneli / Imagebroker (gch). **108 naturepl.com:** Bryan a Cherry Alexander (gdd). **109 123RF.com:** Michal Balada (cddg); Sergeyp (tch/Texture). **Alamy Stock Photo:** Diana Johanna Velasquez (gc). **Dreamstime.com:** Adeliepenguin (gdd); Checco (cdd). **naturepl.com:** Norbert Wu (cch). **Shutterstock.com:** NiarKrad (cddu); zabavina (tch). **110 123RF.com:** Eric Isselee / isselee (cdd). **110-111 Dorling Kindersley:** Jerry Young (c). **111 Dreamstime.com:** Eric Isselée / Isselee (c). **Getty Images:** Purestock (cddg). **Getty Images / iStock:** twphotos (cddu). **112 123RF.com:** natchapohn (gch). **Alamy Stock Photo:** Oceans Image / Avalon.red (gch/cril yr Antarctig); Paulo Oliveira (cddg). **Dreamstime.com:** Kotomiti_okuma (ecch); Jan Martin Will (cch); Tarpan (cdd). **113 Alamy Stock Photo:** David Tipling / David Tipling Photo Library (cchu); Marko Steffensen (cchg). **Dreamstime.com:** Denis Dubrovin / Denisdubrovin (cu); Tarpan (cdd). **114 123RF.com:** Pavlo Vakhrushev / vapi (cu). **Alamy Stock Photo:** David Shale / Nature Picture Library (cdd, ecdd). **Dreamstime.com:** Shane Myers (gch); Neirfy (cchu); Cat Vec (cg). **naturepl.com:** Florian Graner (cddg); Solvin Zankl (cddu). **Shutterstock.com:** MyImages - Micha (c). **114-115 Alamy Stock Photo:** Wolfgang Pölzer (gc). **115 Alamy Stock Photo:** Ethan Daniels (cg/pen môr);

NOAA (cu); David Shale / Nature Picture Library (cg, c/ciwcymbr môr). **naturepl.com:** Gary Bell / Oceanwide (cchu); Doc White (cchu/Pelican); David Shale (cu/Viperfish); Norbert Wu (c). **Science Photo Library:** British Antarctic Survey (cdd); Dante Fenolio (cu/berdys, cg/pysgodyn trybedd); Wim Van Egmond (cddu); David Shale / Nature Picture Library (cdd/ anthomedusa, ecdd). **116 Dreamstime.com:** Wrangel (gch). **116-117 123RF.com:** Ihor Bondarenko (c/Algae gwyrdd). **Dreamstime.com:** Sabri Deniz Kizil / Bogalo; Martin Voeller (c). **117 123RF.com:** Micha Klootwijk / michaklootwijk (cdd). **Alamy Stock Photo:** Mathieu Foulquie / Biosphoto (cchu/Sargassum); Wildestanimal (cch); WaterFrame_dpr (gdd). **Dreamstime.com:** Vectorikart (cchu). **118-119 Dreamstime.com:** Sabri Deniz Kizil / Bogalo. **118 Alamy Stock Photo:** BJ Warnick / Newscom (c); Paulo Oliveira (gch). **Dreamstime.com:** Vectorikart (cddg). **119 Alamy Stock Photo:** David Fleetham (cu); Paulo Oliveira (cddu); David Shale / Nature Picture Library (cchu). **Dreamstime.com:** Igor Zubkov (tc, cdd, g); Zweizug (cg). **120-121 Getty Images / iStock:** PawelG Photo (t). **120 Alamy Stock Photo:** Buena Vista Pictures / Courtesy Everett Collection. **121 Alamy Stock Photo:** Paulo Oliveira (cu, cg). **naturepl. com:** Norbert Wu (c). **122-123 Dreamstime.com:** Vultur Dana Mihaela (c). **122 Alamy Stock Photo:** David Shale / Nature Picture Library (gc); The Natural History Museum (cchg). **Dreamstime.com:** Greg Amptman (cdd). **123 Alamy Stock Photo:** Mathieu Foulquie / Biosphoto (tch); BJ Warnick / Newscom (cu); Ethan Daniels (cg). **Dreamstime.com:** Greg Amptman (gch); Selvam Raghupathy (dd/cefndir). **Science Photo Library:** British Antarctic Survey (dd). **124 Getty Images:** Alastair Pollock Photography (tc). **Science Photo Library:** Christopher Swann (g). **125 123RF.com:** natchapohn (gdd). Alamy Stock Photo: Zoonar / Fritz Poelking (cddu). **126 Alamy Stock Photo:** Brook Peterson / Stocktrek Images (cch); Zoonar / Fritz Poelking (cdd). **127 Alamy Stock Photo:** Gerard Lacz / mauritius images GmbH (tch); Reinhard Dirscherl / mauritius images GmbH (tdd). **Dreamstime.com:** Rinus Baak (gdd); Josephine Julian Lobijin (gch). **128 Dreamstime.com:** Simon Eeman (gdd); Ymgerman (gch). **129 Alamy Stock Photo:** Ahmed Areef (tdd); Zoonar / Simon Eeman (cchg). **Dreamstime.com:** Jakub Gojda (gdd). **naturepl.com:** Fabrice Cahez (tch); Pete Oxford (tch/beach); Phil Chapman (cddu). **130 Alamy Stock Photo:** Brandon Cole Marine Photography (tdd). **130-131 Dorling Kindersley:** Jerry Young (Neon tetras). **Getty Images:** Alastair Pollock Photography (c). **131 123RF.com:** Nicholas Toh (cdd); vilainecrevette. **Alamy Stock Photo:** blickwinkel / H. Schmidbauer (cu). **Dreamstime. com:** Hotshotsworldwide (tc); Shane Myers (egdd). **Photolibrary:** Photodisc / White (gdd). **132-133 Dreamstime.com:** Zoom-zoom (t). **Science Photo Library:** Christopher Swann (g). **132 Alamy Stock Photo:** Jurgen Freund / Nature Picture Library (cch). **133 Science Photo Library:** Richard Brooks (c); Christopher Swann (cdd). **134 Dreamstime. com:** Song Heming (gc). **135 123RF.com:** natchapohn (cu). **Dreamstime. com:** Iakov Filimonov (gdd); Mikhail Laptev (gch); Teguh Tirtaputra / Teguhtirta (cg); Piyathep (c). **Getty Images / iStock:** tiler84 (cchu). **136 Dreamstime.com:** Fototrips (gch). **137 123RF.com:** Prapan Ngawkeaw (gch/Sand). **Dreamstime.com:** Jameschipper (tdd); Mikhail Sokolov (cddg). **Getty Images / iStock:** GeorgePeters (c). **Shutterstock.com:** George J (gch); Atomic Roderick (gdd). **138 Dreamstime.com:** Alevtina Tarasova (tc). **Shutterstock.com:** Davidhoffmann Photography (cch); Napat (gc). **139 Alamy Stock Photo:** Tony Wu / Nature Picture Library (cg). **Dreamstime.com:** Alevtina Tarasova (tch, cchu, cddu). **Shutterstock. com:** 6x6x6 (tdd). **140 Alamy Stock Photo:** Blickwinkel / Hartch (cddu); WaterFrame_fba (cdd). **Getty Images / iStock:** Tonaquatic (cchg, cg). **141 123RF.com:** Roy Longmuir / Brochman (cchu). **Alamy Stock Photo:** Andrey Nekrasov (cch). **Dreamstime.com:** Linda Bucklin (gch); Sergey Uryadnikov / Surz01 (cddu). **142 Dreamstime.com:** R. Gino Santa Maria / Shutterfree,LLC / Ginosphotos / Shutterfree,Llc (cch); Vectorikart (gdd). **142-143 Alamy Stock Photo:** NASA Photo (g); sheris (c). **143 Alamy Stock Photo:** Scenics & Science (cu). **144 123RF.com:** annaguz (gc). **Dreamstime.com:** Showvector (cddg). **naturepl.com:** Gary Bell / Oceanwide (cchg). **Shutterstock.com:** wildestanimal (cchu). **144-145 Dreamstime.com:** Allexxandar. **145 Alamy Stock Photo:** Genevieve Vallee (cchg). **Dreamstime.com:** Showvector (tch). **Science Photo Library:** Reinhard Dirscherl (t). **Shutterstock.com:** Gerald Robert Fischer (g). **146 Alamy Stock Photo:** Matthew Banks (cchg). **Dreamstime. com:** Kharlamova (gch). **naturepl.com:** Sue Daly (gdd). **Shutterstock. com:** Richard Whitcombe (cdd). **147 Dreamstime.com:** Allnaturalbeth (c); Galinasavina (cddg). **Shutterstock.com:** Alexandra HB (tc). **148 123RF. com:** kwiktor (cddg). **naturepl.com:** Peter Scoones (cch). **Science Photo Library:** Georgette Douwma (cchg); Andrew J. Martinez (cdd). **149 123RF. com:** Richard Whitcombe (cchg). **Alamy Stock Photo:** Nico van Kappel / Buiten-Beeld (cddg). **Dreamstime.com:** Kjersti Joergensen. **150 123RF. com:** Rueangrit Srisuk (gdd). **Alamy Stock Photo:** WaterFrame_ase (dd). **151 Alamy Stock Photo:** Paulo Oliveira (cddg); Scenics & Science (cddu); Solvin Zankl (cchg). **Getty Images / iStock:** LPETTET (gc); PawelG Photo (t); RugliG (cchu). **152 123RF.com:** Eric Isselee / isselee (gc/pysgodyn clown). **Dreamstime.com:** Michael Elliott (gch); Lightkitegirl (gc).

153 Alamy Stock Photo: Norbert Probst / imageBROKER (cddg); Don Mammoser (tch); Jennifer Idol / Stocktrek Images (gch). **Dreamstime.com:** Nikolai Sorokin (gdd). **154 Dreamstime.com:** Zweizug (tdd). **154-155 123RF.com:** Prapan Ngawkeaw (g). **Dreamstime.com:** Pavel Naumov. **155 123RF.com:** hatza (egch). **naturepl.com:** Sue Daly (gch). **156 Dreamstime.com:** Punnawich Limparungpatanakij (gch). **Shutterstock. com:** Inkley Studio (cchu). **157 Dreamstime.com:** Gmm2000 (dd). **Science Photo Library:** Thomas & Pat Leeson (gc). **158 123RF.com:** macrovector (c/cartoon). **Alamy Stock Photo:** Chronicle (cddg). **Dreamstime.com:** Patrick Guenette (cg); Dave Jones / Lina Sipelyte (tch); Tomacco (cchu). **Fotolia:** Dariusz Kopestynski (c). **Shutterstock.com:** Eva Speshneva (cch). **159 Dreamstime.com:** Ratz Attila (cchu); Subbotina (gc/ Tywod). **Shutterstock.com:** Marish (gch). **160 Alamy Stock Photo:** INTERFOTO (cg). **Dorling Kindersley:** University of Pennsylvania Museum of Archaeology and Anthropology (gch). **161 Alamy Stock Photo:** Roy Langstaff (gc). **Dorling Kindersley:** Pitt Rivers Museum, University of Oxford (gdd). **Dreamstime.com:** Ivansmuk (cddu). **162-163 Dreamstime. com:** Vyychan (cefndir). **162 Alamy Stock Photo:** Doug Houghton (ecch); van der Meer Marica / Arterra Picture Library (gdd). **Dreamstime.com:** Bjorn Hovdal (cchg); Rodho (tdd, cg); Joingate (cddu); Igor Nikolayev (c); Volodymyr Pishchanyi (ecch/bariau arian); Andrew Unangst (cch). **163 123RF.com:** macrovector (cchg/cartŵn). **Alamy Stock Photo:** Granger Historical Picture Archive (cdd). **Dreamstime.com:** Chokchai Namthip (cchg); Igor Nikolayev (cu, cch); Rodho (cg); Serezniy (gdd). **Fotolia:** Dariusz Kopestynski (cg/ship). **164 Alamy Stock Photo:** Ancient Art and Architecture (gdd); Alexandre Fagundes (cch); Artokoloro (gc). **Dreamstime. com:** Arsty (tch); Janusz Pieńkowski (c). **Shutterstock.com:** Studio_G (cdd). **165 Alamy Stock Photo:** Chronicle (cchg); Lebrecht Music & Arts (tdd); Colport (cdd); Interfoto / Personalities (cddg). **Dreamstime.com:** Naci Yavuz (cchu). **166 Alamy Stock Photo:** Prisma Archivo (gdd). **Dreamstime.com:** Isselee (ecch); Subbotina (cch/Sand). **Getty Images / iStock:** mcccuremr (cch). **166-167 Dreamstime.com:** Subbotina (cu). **167 Alamy Stock Photo:** The Natural History Museum (tdd). **Dreamstime. com:** Subbotina (gdd). **Getty Images / iStock:** Grafissimo (c). **168 Alamy Stock Photo:** Chronicle (cdd). **Dreamstime.com:** Patrick Guenette (cg). **169 Alamy Stock Photo:** Chronicle (tch); Rob Powell (cdd). **Shutterstock.com:** Eva Speshneva (cu). **170-171 123RF.com:** Sergey Oganesov / ensiferum (t). **Getty Images / iStock:** Extreme-Photographer (c). **170 123RF.com:** Anton Lunkov / antonlunkov (gch). **171 Alamy Stock Photo:** Imaginechina Limited (gch); Pictures Now (cdd). **172 123RF. com:** Eric Isselee (gch). **Dreamstime.com:** Tomacco (cch). **Shutterstock. com:** Marish (cddg). **173 Alamy Stock Photo:** IanDagnall Computing (gch). **Dreamstime.com:** Andreykuzmin (g); Ratz Attila (tc). **Shutterstock. com:** Marish (cg). **174 Alamy Stock Photo:** Historic Collection (cg); Louise Murray (cdd). **175 Alamy Stock Photo:** AF Fotografie (cddu); Lebrecht Music & Arts (cg). **Bridgeman Images:** (cchu). **177 Alamy Stock Photo:** ITAR-TASS News Agency (cdd); PJF Military Collection (cg); ZUMA Press, Inc. (gdd). **Dreamstime.com:** Attila Jandi (tch). **178 123RF. com:** Pawe? Szczepa?ski / pablo1960 (c). **Alamy Stock Photo:** ICP / incamerastock (g). **179 123RF.com:** Kittipong Jirasukhanont (tc). **Dreamstime.com:** Andrea Crisante / Homeworks255 (cdd). **FLPA:** Flip Nicklin (cch). **Getty Images / iStock:** JackF (gdd). **180 123RF.com:** annaguz (cchg, cg). **Dorling Kindersley:** Natural History Museum, London (cdd). **Science Photo Library:** Natural History Museum, London (c, cddg). **180-181 Dreamstime.com:** Alison Gibson. **181 123RF.com:** annaguz (gch). **Alamy Stock Photo:** Granger Historical Picture Archive (cchg); Fraser Gray (cddu). **Dreamstime.com:** Jose Tejo / Joetex1 (gc). **Science Photo Library:** (tc). **182 Alamy Stock Photo:** Artokoloro (cddu); incamerastock (tc); World History Archive (cg); Jane Gould (gc). **Dreamstime.com:** Alexstar (tdd). **183 Alamy Stock Photo:** Artmedia (cg); Actep Burstov (tch); Chronicle (cdd, gdd, tdd). **Dorling Kindersley:** NASA: Earth Observatory / NOAA (cu). **184-185 Getty Images / iStock:** ratpack223 (t, g). **184 Dreamstime.com:** Selvam Raghupathy (t); Anatoli Styf (c). **185 Alamy Stock Photo:** BNA Photographic (tc); Horia Bogdan (tdd); Paul R. Sterry / Nature Photographers Ltd (cddu). **186 NOAA:** (tdd). **187 Alamy Stock Photo:** World History Archive (gdd). **188 Alamy Stock Photo:** Stuart F. Westmorland / Danita Delimont. **189 123RF.com:** pinipin (cddg). **Dorling Kindersley:** Linda Pitkin (cdd). **Dreamstime.com:** BY (gc); Jolanta Wojcicka (cddu). **Getty Images / iStock:** ratpack223 (ecdd). **190 Alamy Stock Photo:** Everett Collection Inc (cg); NASA Photo (c). **Dreamstime.com:** Andreykuzmin (cch, gdd); Tetiana Kozachok (tch); Fotofjodor (cddg). **Getty Images / iStock:** mario31 (egch). **191 Alamy Stock Photo:** Pictorial Press Ltd (tc); Universal Art Archive (cch). **Dreamstime.com:** Andreykuzmin (tdd, c); Fotofjodor (gc). **Getty Images / iStock:** CoreyFord (cg). **192 Alamy Stock Photo:** Gareth Fuller / PA Images (gc). **193 Alamy Stock Photo:** Sergio Moraes / Reuters (gc); Adrian Sherratt (c); UPI Photo / Terry Schmitt (gdd). **Dreamstime.com:** Juri Samsonov (cdd). **Getty Images:** Shaun Botterill (gch). **194-195 Dreamstime.com:** Cornelius20; Alison Gibson (g). **194 123RF.com:** lattesmile (cchg); Liliia Khuzhakhmetova / lilkin (cu). **Alamy Stock Photo:** Paulo Oliveira (gdd). **Dreamstime.com:** Tetiana Saranchuk (cddg); Trondur (tch). **195 123RF.com:** lattesmile (gch); Oleg Zhukov (tch). **Alamy Stock Photo:** Dino Fracchia (cdd); Paulo Oliveira (gdd). **Dreamstime.com:** Denis Dubrovin / Denisdubrovin (c); Ken Backer / Sunguy (cu). **Getty Images / iStock:** photo5963 (tc). **196 123RF.com:** Oleg Zhukov (c). **197 Dreamstime.com:** Seadam (dd). **198 123RF.com:** Gerold Grotelueschen (gc). **Dreamstime.com:** Kharlamova (gdd); Evgenii Naumov (cch, tdd); Tomas Marek (cdd). **198-199 123RF.com:** teodora1. **199 123RF.com:** martm (gdd); Sergei Uriadnikov (cchg). **Alamy Stock Photo:** Nikki Bingham (cddg); PREVOST Vincent / hemis.fr (tch). **Dreamstime.com:** Kharlamova (cu); Sean Pavone (cddu); Evgenii Naumov (gc). **200-201 Dreamstime.com:** Photoeuphoria (t). **200 Alamy Stock Photo:** Claudio Contreras / Nature Picture Library (gch); Paul Abbitt Rml (gdd). **201 Alamy Stock Photo:** DPA Picture Alliance (cchg); Dino Fracchia (tdd); Stephen Frink Collection (gdd). **202 Dreamstime.com:** Dmitriy Melnikov / Dgm007 (gc); Trondur (cddu). **203 123RF.com:** Liliia Khuzhakhmetova / lilkin (cu); Natalia Romanova (cchu). **Dorling Kindersley:** Vikings of Middle England (c). **Dreamstime.com:** Ken Backer / Sunguy (cddu). **204 Dreamstime. com:** Denis Dubrovin / Denisdubrovin (cu, cchg, gc); Chun Guo (gch); David Morton (cddg); Excentro (cddg/Ribbon). **204-205 Dreamstime.com:** Cornelius20; Denis Dubrovin / Denisdubrovin (gc). **205 123RF.com:** salamatik (gc). **Dreamstime.com:** Denis Dubrovin / Denisdubrovin (cu); Pe3ak (gdd). **206 123RF.com:** Liliia Khuzhakhmetova / lilkin (cddu). **Dorling Kindersley:** Natural History Museum, London (gc). **207 123RF. com:** Liliia Khuzhakhmetova / lilkin (c). **Dreamstime.com:** Vectorikart (gc). **Getty Images / iStock:** photo5963 (cch). **208-209 Dreamstime.com:** Alison Gibson (c). **208 Dreamstime.com:** Christopher Elwell (gch). **209 123RF.com:** Liliia Khuzhakhmetova / lilkin (cu). **210 Alamy Stock Photo:** Chronicle (cg). **Dorling Kindersley:** Natural History Museum, London (cch); Jerry Young (cddg). **210-211 Dreamstime.com:** Cristina Bernhardsen (g). **211 Dorling Kindersley:** Linda Pitkin (cchg/parrotfish); Jerry Young (cg). **Dreamstime.com:** Hadot (cchg). **Getty Images / iStock:** cmturkmen (tdd); Nerthuz (tc). **212 Alamy Stock Photo:** Wayne Lynch / All Canada Photos (gdd). **Dreamstime.com:** Elantsev (gch). **212-213 123RF.com:** (sky); Sergey Nivens / nexusplexus (t). **213 123RF. com:** Anna Zakharchenko (cddu). **Alamy Stock Photo:** Pascal Kobeh / Nature Picture Library (tch). **Dreamstime.com:** Hadot (cddu/turtle); Melvinlee (gdd). **Getty Images / iStock:** NatureNow (cchg). **214-215 Alamy Stock Photo:** Paulo Oliveira (cu). **naturepl.com:** Gary Bell / Oceanwide (c). **214 123RF.com:** lattesmile (cddg). **Alamy Stock Photo:** Paulo Oliveira (gch). **215 Alamy Stock Photo:** Iain Masterton (tdd). **Dreamstime.com:** Viacheslav Dubrovin (c); Tetiana Saranchuk (tc). **216 Dreamstime.com:** Viacheslav Dubrovin (cdd/crwban môr); Kharlamova (gdd). **naturepl.com:** Shane Gross (cddu); Pete Oxford (gdd). **216-217 123RF.com:** Volodymyr Golubyev (gc); meseberg; lattesmile (c). **217 Alamy Stock Photo:** IPA / Independent Photo Agency Srl (c); Tabatha Fireman / Female Perspective (cddu). **Elyse Butler:** (gdd). **Shutterstock. com:** wildestanimal (cchu). **218 Alamy Stock Photo:** Jeff Rotman / Nature Picture Library (cdd). **Getty Images / iStock:** doodlemachine. **219 Alamy Stock Photo:** Jeff Rotman / Nature Picture Library (gch, gc); Science History Images (cddg). **naturepl.com:** David Shale (cch). **220 123RF.com:** lattesmile (gdd). **Dreamstime.com:** Fotofjodor (gc); Izanbar (gch). **221 Alamy Stock Photo:** Melba Photo Agency (cddu). **Dreamstime.com:** Fotofjodor (gch). **naturepl.com:** Doug Perrine (g). **222 Dreamstime.com:** Kharlamova (gdd); Shane Myers (gch). **223 123RF. com:** lattesmile (gc). **Alamy Stock Photo:** Lebrecht Music & Arts (gch). **Dreamstime.com:** Donyanedomam (tch). **224 123RF.com:** lattesmile (g). **Dreamstime.com:** Dongfan Wang / Tabgac (gch). **Shutterstock.com:** Good luck images (cddg)

Lluniau'r clawr: Blaen: **Dreamstime.com:** Eric Isselee gc, Dongfan Wang / Tabgac cdd; **Getty Images / iStock:** GeorgePeters cchu, vlad61 gch; Cefn: **123RF.com:** Mike Price / mhprice tdd; **Dorling Kindersley:** Linda Pitkin gch, Jerry Young cchu; **Dreamstime.com:** Digitalbalance cchu/ (pysgodyn jeli), Fenkie Sumolang / Fenkieandreas cddg

Pob llun arall © Dorling Kindersley
Am wybodaeth ballach gweler: www.dkimages.com

Dymuna DK ddiolch i:
Polly Goodman am brawfddarllen; Marie Lorimer am y mynegai; Polly Appleton am ddylunwaith ychwanegol; Sophie Parkes a Robin Moul am olygu ychwanegol; Mrinoy Mazumdar am ddylunwaith DTP; a Balwant Singh am gefnogaeth blaen-gynhyrchu.